再现词语里的
5000年物质文明史

权衡　　　　　　　　管辖

　　　　　　　　　　　　　符合

　　　　　　计较

　　　　模范　　　　　锻炼
　　　　　　　　　　　　　　　大驾
　　　规矩

　　　　　　　　　　　　　　　漆黑

　　　　　　巾帼
　　　　　　　　　　　　参差

斧削

一词
世界
❷

齐吉祥 著

天津出版传媒集团
新蕾出版社

图书在版编目（CIP）数据

一词一世界 / 齐吉祥著 . -- 天津：新蕾出版社，2024.2（2025.4 重印）

ISBN 978-7-5307-7612-4

Ⅰ.①一… Ⅱ.①齐… Ⅲ.①汉语 - 儿童读物 Ⅳ.①H1-49

中国国家版本馆 CIP 数据核字（2023）第 147786 号

书　　　名：	一词一世界　YI CI YI SHIJIE
出版发行：	天津出版传媒集团
	新蕾出版社
	http://www.newbuds.com.cn
地　　　址：	天津市和平区西康路 35 号（300051）
出 版 人：	马玉秀
电　　　话：	总编办（022）23332422
	发行部（022）23332677　23332351
传　　　真：	（022）23332422
经　　　销：	全国新华书店
印　　　刷：	天津新华印务有限公司
开　　　本：	787mm×1092mm　1/16
字　　　数：	230 千字
印　　　张：	24
版　　　次：	2024 年 2 月第 1 版　2025 年 4 月第 3 次印刷
定　　　价：	79.00 元（全 2 册）

著作权所有，请勿擅用本书制作各类出版物，违者必究。
如发现印、装质量问题，影响阅读，请与本社发行部联系调换。
地址：天津市和平区西康路 35 号
电话：（022）23332677　邮编：300051

没"规矩"不成方圆

规矩

人们要办理一些事情的时候，常常会说"还是按老规矩办吧"；在人与人之间出现争执的时候，有人就会说"你懂不懂规矩呀"；有时，家长送孩子出门远行时还会嘱咐说"出去要守规矩，要做懂规矩的人"；在文学名著《红楼梦》第七回里，凤姐就焦大醉酒后撒野的事跟人们说"倘或亲友知道了，岂不笑话咱们这样的人家，连个王法规矩都没有"。如此说来，"规矩"一词在古今都被广泛使用，或用它表示大家应该遵守的一种规则、一种行为规范，或用它表示一种礼法，懂规矩成了言行正派、老实守法的代名词。那"规矩"一词是怎么来的呢？

一词一世界

179

规天丈地的工具

原来,"规"和"矩"是我国古代工匠常用的两种工具,规用来画圆,矩用来画方,在许多古代绘画以及画像砖、画像石中都能看到它们的样子。就以这件在新疆吐鲁番唐墓中出土的"彩绘伏羲女娲绢画"为例吧,画中的一男一女,是神话传说中的伏羲和女娲,都是人首蛇身,他们的手中一个拿的是微微撑开了两足的规,一个拿的是直角的曲尺,即矩。现在,咱们很多同学书包中的圆规和三角板,不就是这图中规和矩的现代版产品吗?

为什么伏羲和女娲要拿着规和矩呢?这是因

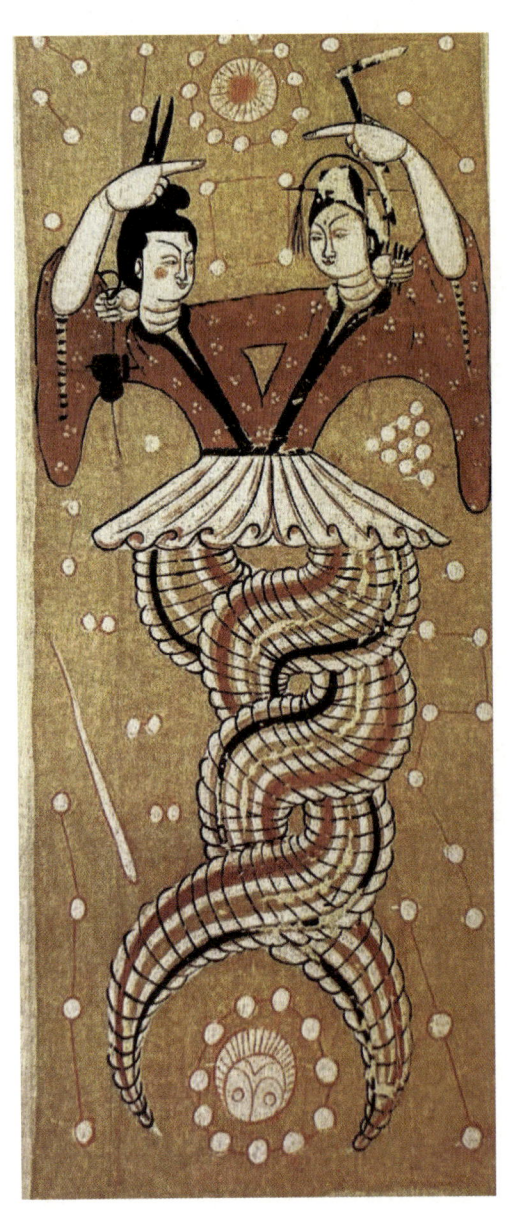

彩绘伏羲女娲绢画　唐
新疆维吾尔自治区博物馆藏

为，在神话中他们开辟了天地，而我国古代一直认为"天圆地方"，所以，这两位造天造地的神，一位在规天，一位在丈地。

历史悠久的"规"和"矩"

我国在什么时候就有规和矩了呢？由于早期的规、矩都是用竹木一类的材料制成的，因此未能保存下来。若从历史记载来看，司马迁在《史记》里讲大禹治水时提到了规、矩，"左准绳，右规矩，载四时，以开九州，通九道"。还有古书记载，

"玉琮王" 新石器时代 浙江省博物馆藏

舜的时候有一位叫垂的人，发明了规、矩。上述记载说明规和矩有4000多年的历史了。但从考古资料来看，我国规、矩的历史应该大大提前，例如初中历史课讲了河姆渡氏族和半坡氏族，在浙江宁波河姆渡遗址出土了许多玉珠和玉环，它们的圆形都很规整。半坡人所建的房屋有圆形和方形两种，形状也都很规整。半坡人用的各种陶罐、陶瓶、陶盆等器物上的图案，至少有一处是圆形。在浙江杭州出土的良渚文化的代表玉器"玉琮王"，外形是四方形，正中则是一个贯通的圆孔。在甘肃兰州出土的一件约5000年前的彩陶盆上，居然有15个极其规整的同心圆。类似的文物还有许多，它们说明了两个问题：一个是当时的人们有了很清晰的方形和圆形的概念，另一个是当时已经有了绘制、加工圆形和方形的办法和器具。那种绘制、加工圆形和方形的器具，应该就是原始的规和矩。

由于规、矩有准确规划形状的作用，我们聪明的祖先就以物喻义，将它们引申到人的行为规范。西汉时期的著作《淮南子》讲"非规矩不能定方圆"，该书又说"仪表规矩,事之制也"，意思是说人的着装容貌、行为举止，都应合乎社会法则。人们还在规矩的基础上衍生出"规行矩步"这个成语，指出人们在社会上都必须依照一定的规则行事，守法不逾矩。

最美不过"锦"和"绣"

我们经常用"锦绣"二字形容美好的事物，例如锦绣河山、锦绣前程，有首歌曲还唱道"万里江山披锦绣"。那么，人们为什么要用"锦绣"来形容美好的事物呢？要解答这个问题，还要从一种可爱的小虫子讲起，这种小虫子你应该不陌生。60多年前我上小学三四年级的时候，就在铅笔盒里养过它，每天都给它喂两片新鲜的桑叶，看着它由小慢慢长大，最后变成了一个茧。说到这，我想你该明白了，这种可爱的小虫子就是蚕宝宝，那个茧就是它吐的丝。别看那蚕茧只有圣女果那么大，蚕丝有时能达到1000多米长呢！

蚕茧

了不起的发明

早在5000多年前，我们的祖先就发现了蚕能吐丝这个秘密，并尝试着将蚕丝织成衣料，这丝织技术可是个了不起的发明，为全人类做出了大贡献。

织的方法不一样，就会产生不同品种的丝织物。刚开始，人们只会把竖向的丝线（经线）和横向的丝线（纬线）相互垂直交叉，而且是反复交换交叉，织成一种没有任何花纹的丝织品，这种织物叫作"绢"。绢很像我们现在看到的那些最普通的棉布，表面很平整，很适于做衬衣衬裤和棉被的被里。

为了让丝织品更美丽，在距今3000年的时候，人们用针将几种彩色丝线添加在织好的绢上，构成漂亮的花纹，这种有了花纹的织物就叫"绣"，也就是人们常说的"刺绣"。刺绣也有好几种，久而久之，我国

经线纬线垂直交叉示意图

精美的刺绣图案

形成了刺绣的四个主要地区：江苏、湖南、广东和四川。这四个地区出产的刺绣俗称苏绣、湘绣、粤绣和蜀绣，统称为"四大名绣"。现在还流行一种十字绣，你见过吗？你不妨通过十字绣，体会一下"绣"的奥妙和乐趣。

高超的丝织技艺

又过了些时候，距今 2500 年左右，人们用一种能够提花的机器直接织出了花纹，而且那些花纹都是凸起的，有立体感。这种丝织物格外华丽，人们叫它"锦"，它也是丝织品中价格最贵的，是贵族们追求的奢侈品。当然，织锦可是需要很高技艺的，而且还非常费时间。我见过四川织锦师傅的操作，两位技术非常熟练的师傅，相互配合，专心致志地织了8个小时，仅仅织成了15厘米的锦。明清时期，一件皇帝龙袍所需的锦料，要用半年多的时间才能织成。

1982年在湖北荆州发现了一座距今2300多年的墓葬，木棺内有35件丝织品，其中有锦袍、锦裤和绣的禅衣，可漂亮了。

仔细瞧瞧下边这两件文物，左边的对龙对凤纹绢面绵袍上有用红、黄、棕三种颜色的丝织出的龙凤等图案；右边这块织物上还绣出了龙、凤和老虎，那虎的尾巴高翘，张牙舞爪，扑向前方的大龙，十分生动形象。

对龙对凤纹绢面绵袍（左）和
龙凤虎纹绣（右） 战国
荆州博物馆藏

治痛疗伤用"针砭"

说到我国古老的中医医术，大家是不是很容易联想到针灸？做针灸治疗时自然需要用到各种针具，你来猜一猜，最原始、最古老的针具是用什么材料制作的呢？是骨针、竹针还是什么呢？正确的答案是用石头做的"砭石"，你猜对了吗？

神奇的砭石

砭石也叫针石、镵石，简称为"砭"。在古代文献中，有许多关于砭石的记载。《说文解字》对它的定义是："砭，以石刺病也。"还有很多讲砭石疗效的故事。

相传，唐高宗有一天突然头晕、视物模糊，赶忙宣召太医前来诊治。太医看过唐高宗的面色，又仔细把了脉，认为并无大碍，便说用石针刺头部的穴位，放出一点血就可以了。听了太医的诊断，皇后武则天怒容满面，她认为皇帝贵为天子，怎么可以放他的血呢？幸好唐高宗开明，他让太医放血治疗，太医"砭"了两次，便治好了唐高宗的头晕。

　　本文题目中与这个故事中的"砭"都是动词，是用石针扎的意思。"砭"可引申为批评、规劝，因为砭可以治疗疼痛，所以人们又把这种功能引申为发现或指出错误，以求改正，例如"针砭"。

　　"砭"可能是我们祖先最原始的治病手段之一。中医专家推断，远古时期，人们在身体出现一些病痛时，可能会下意识地做出一些按压或用随手拿到的石头去碰触的动作，这样的动作偶然间减轻了他们的疼痛，于是人们便不断摸索、积累，由无意识到有意识，后来就造出一些尖利的石器用于消除疼痛，砭石就产生了。

最古老的砭石

　　1963年，在内蒙古锡林郭勒多伦旗头道洼新石器时代遗址出土了一根石针，长4.5厘米，一头为四棱锥形，另一头扁平、有弧刃，被认为是目前所知世界上最古老的砭石。

推陈出新的砭针

石针虽然取材方便，但制作起来费时费力，并不能满足社会进步的需求，所以当商周时期的青铜铸造技术高度发展时，青铜针具便出现在了人们面前。1978年，又是在内蒙古，人们发现了一枚战国至西汉时期的青铜针，它的大小、形状和1963年发现的那枚石针非常相似，人们把它定名为"青铜砭针"。

除了青铜砭针，还有金针和银针。1968年，在河北保定满城汉墓中，出土了针灸用的4根金针和5根银针，其中4根金针保存得非常完好。专家甚至还研究出它们的功能不完全相同：有的针头纤细得像毫毛一样，显然是可以刺入穴位的；有的针头锐利、三面有锋棱，应该是刺入经络放血疗疾用的——前面故事中提到的给唐高宗放血用的石针，很可能就是这种形状的。

青铜砭针

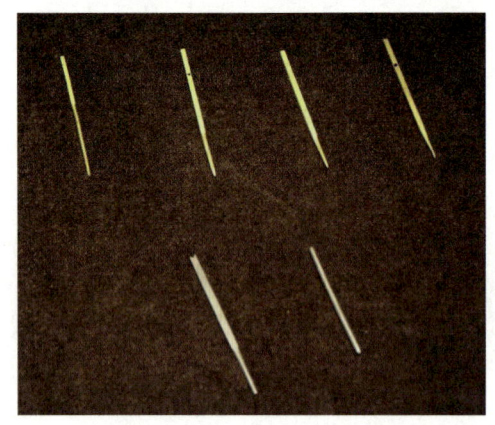

满城汉墓出土的金针和银针

金针、银针成本太高,所以当汉代人制出钢针后,钢针就成了针灸的主要针具了。

由于用针砭可以治痛疗伤,人们便将这种功能引申出"针砭时弊"之说,比喻对社会上某些错误和弊端的严厉批评。

砭针也有漂亮的衣裳

针都比较细小,古人用什么方法让小小的砭针又好取用,又不易散失呢?你听说过"针衣"吗?针衣就是古人为了妥善保存针,给针设计制作的"衣服"。

人们先用很细的小竹条编个小竹帘,再把它缝在一块丝织品上,针的衣服就做成了。不用时,将针别在丝织品上,然后将竹帘一卷,很方便就收纳好啦。湖北荆州博物馆就藏有西汉时期的针衣,大家有机会就去看看它美丽的真容吧。

"博弈"本是两种智力游戏(一)

博弈

我们经常听到"博弈"这个词,如"对手之间的博弈""人的一生中有太多的博弈"……在这些语句中,博弈的含义是指为了争取某种利益而运用智谋进行较量、竞争。不过,你知道吗,"博"和"弈"原本是我国古代两种由智力游戏发展而成的棋类运动。

3000 年前就有"博"和"弈"吗

"博"是六博,"弈"是围棋。由于六博的棋谱早已失传,这种棋类运动也在人们的生活中渐渐消失了,所以大家对它比较陌生;围棋则一直流传至今,而且成了世界性高级智力竞技运动,影响深远。

六博陶俑　东汉　河南博物院藏

六博和围棋的历史有多久远呢？战国时期的一本书《世本》说"乌曹作博"，又说"尧造围棋，丹朱善之"。相传乌曹是夏朝的大臣，尧则是大家知晓的传说中原始社会末期著名的部落首领。按这种说法，围棋和六博的产生都应在3000年前。然而，人们在考古发现中并没有看到那个时期有关这两种棋的物证，这种说法和黄帝发明指南车、仓颉创造文字一样，暂时没有确切的证据。

不过，专家们通过考证、分析春秋时期的一些人物故事，并结合考古发掘资料，认为我国至少在春秋时期就已经流行起六博和围棋了。那么，是哪些人物故事呢？

春秋时期的"博弈"小故事

先讲个孔子的故事吧。在《论语》中有这样一段话："饱食终日，无所用心，难矣哉！不有博弈者乎？为之，犹贤乎已。"大家知道孔子是一位非常好学的人，所以他说："整天吃饱了，什么都不做，那是不行的。不是有六博和围棋吗？玩玩它们也比无所事事好。"孔子将六博、围棋看作游戏，也注意到了它们的益智性，所以提倡不妨玩玩博弈，动动脑子。在古籍记载中，这是第一次出现"博弈"这个词。

第二个是孟子以学习下围棋为喻，教育弟子学习要专心致志。他讲，下围棋的高手弈秋教两个人下棋，一人专心致志，全神贯注听弈秋讲课，没有杂念；而另一人坐在那里好像也在听课，可心里却在想：这时天上要是有天鹅飞来就好了，我可以用弓箭射下它们。于是孟子评论说："虽然他与别人一起学

习，但成绩却比不上别人，难道是因为他的智力不如别人的吗？不是的，原因是他没有专心致志。"故事虽短，却发人深省。这个小故事还给后人留下了"专心致志"这个成语。

　　第三个故事说的是荆轲在赵国游玩时，和赵国人下六博时发生了争道，惹得赵国人大怒，双方险些打起来。"争道"是怎么回事呢？请你先看看这幅博局示意图。在湖北、河北几处战国时期的墓葬和遗址中，人们都发现了六博棋盘，它们有的是木制，有的是石制，呈正方形，四边上共有8个"L"形的图案，正中的正方形四面各有一个"T"形的图案，这12个图案就是棋子行走的道，被称为"曲道"，争道就是争夺棋子行走的曲道。

　　根据出土文物我们可以知道，对博的双方各有6枚棋子，

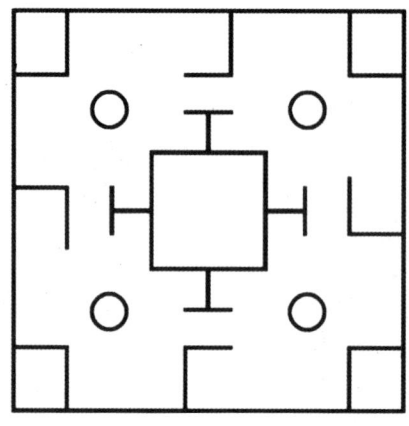

博局示意图

棋子用象牙、玉石、兽骨等制成。除棋子外，还各有6根筷子一般的"箸"。古代"箸"也称为"簙（bó）"，这也是这种棋类活动叫"六博"的缘由。箸分为正反两面，行棋之前先投箸，六根箸都投完后，根据正、反面的结果，决定行棋的步数。一般要将箸投在名为"方枰"的木板上，方枰上铺有席或毛织物，为了防止席或毛织物翻卷，还要用"镇"压住四角。在一些汉代六博图画像石中，我们能清楚地看到投在方枰上的六根箸和方枰四角上的镇。

六博棋盘　战国　河北省文物考古研究院藏

玩法失传的六博

1974年，湖南长沙马王堆3号墓中出土了一套目前所知最完整的六博棋具，里面除了有箸和棋子外，还有一枚用木

博具　西汉　湖南博物院藏

茕

头制作的叫作"茕（qióng）"的博具，它有什么用呢？

请注意看，它的样子很怪，虽然直径只有4.5厘米，却有18个面，其中16个面分别刻的是数字1~16。专家们推断，它相当于现代的骰子，可以代替箸来使用，也就是不用投箸，而改投这个茕。茕被投掷并静止后，必定有一个面朝上，这一面上的数字就是棋子走步的步数。

看到这，你有没有想到这么一个问题：无论是投箸还是投茕，六博棋子的步数都具有相当的偶然性，茕面数字是1还是16，代表的结果可是大不相同的呀！如果一直投到小的数字，那运气也太差了。正因为这种偶然性，有人很可能为自己的好运气大呼小叫，这样就可以增加六博的热闹气氛。

茕的 18 个面中有 16 个面是数字，那另外两个面刻的是什么呢？原来一面刻着"骄"字，其相对的一面刻着大家还不认识的一个字。由于六博的玩法早已失传，我们不能确定这两个字的准确含义，但很多人都认为，这两个字一定有特殊作用，也许和棋子的走向有关联，至于是什么关联，就不得而知了。

下棋必有输赢，但因为规则的缺失，我们也无法说出棋子在棋局上该怎么行走，更不知道怎样是赢、怎样是输了。

不过也有个好消息，专家在江西南昌海昏侯墓中发现了写着六博棋谱口诀的竹简，这批竹简对研究六博的游戏方法和规则有着重要的作用。让我们期待，经过专家的研究，六博这个古老的棋类游戏能够重新焕发生机吧！

"博弈"本是两种智力游戏（二）

博弈

在日常生活中，我们常使用"博弈"这个词的引申义，也就是"比喻为谋取利益而竞争"。我们在前面讲了"博弈"的本义是指我国古代的两种智力游戏，"博弈"中的"博"是六博，那本文我们就再来说说"弈"——围棋。

"痴迷"下围棋的古人

从前文孔子和孟子有关下棋的故事中，我们了解到围棋有着十分久远的历史。有趣的是，不光孔子和孟子，我国历史上还有许多名人也都喜欢围棋，有的还是围棋高手呢，如大家熟悉的曹操、阮籍、唐玄宗、宋太祖、宋徽宗、王安石、文天祥、郑成功、纪晓岚等。

据说曹操能同当时全国最有名的四大棋手抗衡，而唐玄宗因为安史之乱逃去四川避难时，逃亡的路上也要带着"围棋国手"王积薪同行。用"痴迷"二字形容他们对围棋的喜爱是不是也不太过分呢？

中国国家博物馆有一幅传世的《郑成功像》轴，描绘的是这样的场景：郑成功非常从容地和好友下着围棋，传令兵下马准备报告军情。原来，郑成功下围棋时，将士们正在前线激战，传令兵就是来报告大捷喜讯的。你看，这画面上的郑成功多么

《郑成功像》轴　清　中国国家博物馆藏

镇定自若呀，想必早已胜券在握了。

这幅画体现了郑成功既是一个围棋高手，又是一个运筹帷幄的将帅。可见，人们喜欢下围棋无非两方面原因：一方面，下围棋可以锻炼大脑，提高思维能力；另一方面，黑白棋子的对决犹如两军在布阵交锋，棋局如战局，将帅们看到了围棋在军事方面的价值，就将棋盘上的演练运用到了实战之中。所以围棋可不单单是一种游戏，它有可能让你的思维变得更加敏捷哟！

在空气中下一局围棋吧

古人还常常通过下围棋来锻炼、提升自己的记忆力。

东汉末年有一个著名的文人，"建安七子"之一的王粲，他居然能记住别人的棋子都是怎么布局占位的。

有一次，王粲向正在下围棋的双方说："你们把刚才的棋局弄乱，我可以将其恢复。"下棋的两人听了都不相信，要知道每盘围棋一般要动用一二百枚棋子，在棋盘上形成密密麻麻的一片，黑白棋子犬牙交错，同色的棋子有时相连，有时中断，而每盘棋落子的方位和顺序都不一样，王粲怎么可能记住呢？为了判断王粲是吹牛还是真有这种本事，他们先让王粲看过下好的棋，然后用布盖上，再拿另一个棋盘，让王粲复局。不一会儿，王粲就将棋局摆放好了。当人们将两个棋盘进行对比时，发现一个棋子也没错，在场的人无不连连称奇。这说明王粲不仅有惊人的记忆力，同时也是一名围棋高手。

王粲的故事足够让你惊叹了吧？下面这个故事更有意思，有的人不用棋盘和棋子竟然也能下棋！

这个故事的主人公就是前面提到的王积薪。755年，唐朝将领安禄山和史思明背叛朝廷，发动了安史之乱，皇帝唐玄宗被迫放弃都城，开始逃亡。随行的围棋高手王积薪有一天借宿在了山中一位老婆婆的家里。夜深人静之时，王积薪突然听到老婆婆隔着墙同她的儿媳妇说："夜晚这么安静，也没有别的事可做，咱们下会围棋好吗？"儿媳妇说可以。王积薪听了以后感到奇怪，心想：这室内没有点灯，婆媳二人也不住在一个房间，她们怎么下棋呢？于是他就将耳朵贴在门上仔细听。只听见婆婆说："我在东五南九下一子。"儿媳妇回："我在东五南十二下一子。"婆婆又说："我在西八南十下一子。"儿媳妇又回："我在西九南十下一子。"每下一子，她们都要思考一段时间，王积薪也把她们所下棋子的位置一一记录下来。到了将近午夜1点时，她们一共下了36子。这时，婆婆忽然说："你已经输了。"儿媳妇则表示输得心服口服。

这个听上去好像玄幻传说的故事表明，唐代人已经掌握了只凭记忆就能落子布局的"盲棋"技艺，可见当时的围棋高手水平有多么高超了。

享誉世界的围棋比赛

　　为了鼓励人们多下围棋,南北朝时期形成了"棋品"制度,也就是评价棋手棋艺水平的等级制度,从高到低分为"九品"。现代围棋棋手的等级分为"九段",就来源于这九品。

　　南朝的齐武帝和梁武帝两个皇帝举行过大规模的全国性围棋比赛,有许多高手通过比赛获得了品位。当年的少年儿童也喜欢围棋,而且有的具有相当高的棋艺,有位叫陆琼的少年,只有8岁,也参加了全国比赛。

三彩围棋罐　唐　洛阳围棋博物馆藏

　　到了唐代,围棋还成了国际交往中一项重要的活动。最早同中国进行围棋比赛的是新罗(朝鲜半岛历史中的一个国家)和日本。非常有意义的是,他们同中国在围棋技艺上的比赛,竟然一直延续至今,成为受到国际关注的重大赛事。20世纪

80年代，中日围棋擂台赛举行时，我国的报纸、广播、电视等媒体上全是和赛事相关的报道，两国的民众对比赛的情况也都极为关注。也是从那以后，我国少年儿童学习围棋的热情陡然高涨。

围棋有多少枚棋子

考古人员通过研究出土的古代围棋棋盘实物发现：汉代的围棋棋盘上大多是纵横各17条线，个别的棋盘上

是纵横各15条线，还有各10条线的，而南北朝时期的棋盘则增加到纵横各19条线，这样的棋盘制式一直沿用至今。也许你会觉得，19条线不就是比17条线多了两条线吗？实际上并不是这么简单的区别。要知道，纵横17条线的棋盘上一共可以放289枚棋子，而升级为纵横19条线以后，棋盘上则能放361枚棋子，两者相差72枚之多。这就大大增加了下棋时可以发挥的空间，棋手的"战术"更多了，想要获胜的难度也就更大了，当然，这样的比赛也更有魅力了。

下一盘棋，有时也是一场战争甚至是一次人生的模拟，对善于学习的人而言，他们能从棋局中得到丰富的感悟。希望你不论是在下棋的博弈中，还是在人生的博弈中，都能充分运用智慧，走好每一步棋。

铸造青铜器有"模"有"范"

模范

在2000多年前的汉代，人们认为老师都是非常优秀的，足以规范人们的言行，所以将老师称为"人之模范也"。按照古人的这种认识，后来我们常常把一些值得学习的人称为模范，如劳动模范、学习模范等。那最初的"模范"二字，究竟是什么意思呢？

先"制模"后"翻范"

"模""范"是铸造青铜器时必不可少的两种物品。在商周时期，我国人民铸造了大量精美的青铜器。要想铸造一件青铜器，必须要先有"模"和"范"。

铸造青铜器时，人们首先要用均匀、细腻、洁净的泥土做一件模子，这件模子一定要在大小、形状、花纹等方面与将要铸造的青铜器完全相同，这道工序叫"制模"。

第二步是"翻范"。先在烘干的模子表面涂上油脂或草木灰，然后将比手掌还要厚的泥片敷在模子上，要用力按压，使模子的形状和花纹都印在泥片上。等泥片半干后，将它切割成若干块从模上取下来，先检查一下，花纹如果有不清晰的地方，可以剔刻、修整，然后用火将其烧成陶范。

官庄遗址出土的陶范

经过这两道工序，就有"模"有"范"了。不过，这时的范只有外范，不能用来浇铸，这是为什么呢？假如人们要铸一件方鼎，如果有了外范就浇铸铜液的话，那铸出来的只能是方鼎形状的铜块，没有空腔。所以要铸造容器，还需要一个内范。内范怎么做呢？

你一定还记得首先制成的那个模子吧？聪明的工匠只要把翻过外范的那个模子的表面均匀地刮去一层就制成了内范。刮多厚并没有严格规定，要根据器物的大小、用途而定，简单地说，要铸造的青铜器的器壁有多厚，就刮多厚。

"合范"和"浇铸"

第三步是"合范"。工匠将烧好的外范围着内范合拢在一起，先用绳索捆绑，再用泥巴糊一遍。这是为了防止浇铸铜液时出现开裂的情况。合范的时候还要注意做出浇铸口和排气散热孔。

第四步就该"浇铸"了，即将900℃以上的铜液通过浇铸口灌进内范和外范之间的空间。待铜液凝固后，把糊在外范上的泥巴和外范都打碎，掏出内范，所铸的青铜器就出现在人们面前了。当然，最后还需要修整打磨，才能制成一件精美的青铜器。

古代这种铸造青铜器的方法被称作"范铸法"。但陶范只能使用一次，难以批量制作青铜器。想批量制造小件的工具或者兵器，如镰刀、铜斧时，人们就采用可以多次使用的石范。2600多年前，古人还创造了用蜡做模的方法，这种方法能铸造花纹格外复杂而精细的青铜器。又过了一二百年，人们还成功地用铜、铁等金属做成了金属范，比如古代的铜钱就是用金属范铸造的。金属范更标准，也更耐用，大大节约了时间和成本。

你知道写了错字要用刀"削"吗

我们每个同学都有使用橡皮的经历，用铅笔写错的字，拿橡皮轻轻一擦就能擦掉重写了。可是如果咱们穿越时空，进入2500多年前孔子开办的学校去上课，那课堂上没有纸、没有铅笔，也没有橡皮，作业要用毛笔蘸墨汁写在竹简上，写错了字该怎么办呢？在回答这个问题之前，我们先看一件非常珍贵的文物。

下页的图像是2000年在陕西西安秦始皇陵的一个陪葬坑中出土的文官俑，他上身穿着过膝长襦，腰间束着皮带，面带一丝微笑，双目下垂，一副非常恭顺和拘谨的表情，让人感到他是完全听命于皇帝的一位重要官员。你注意到他右侧腰带上悬挂的物品了吗？你知道那是什么吗？

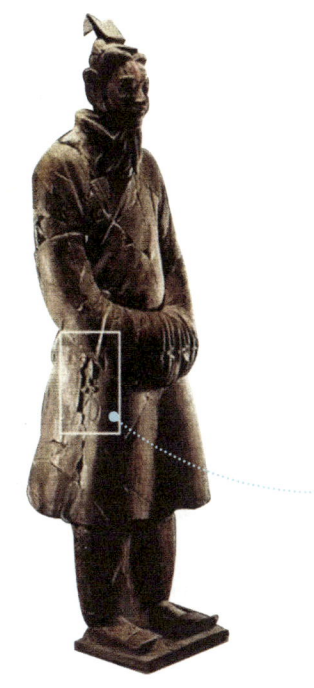

秦始皇陵出土的文官俑

古代写字要带刀

有一次我在某小学给同学们讲这件陶俑，当大屏幕上只出现腰带上的这一部分时，同学们并不清楚物品的大小。我指着其中一件说："这是一把刀。那时一般武士才在腰上挎刀，那这位文官为什么也带刀呢？"我这么一引导，大家自然就往战刀上想了。有的讲："如果有刺客要刺杀秦始皇，他就可以拔刀保护皇帝。"还有的说："可能他想找机会杀死秦始皇，自己来当皇帝。"我又指着文官俑腰间的另一件物品发问："这块是磨刀石，武士们带刀并不带磨刀石，这位文官怎么还要随身带磨刀石呢？"这次同学们都你看我，我看你，没有人能回答了。这时，我故作抱歉地说："对不起，同学们，我忘了告诉你们这刀有多大了，它的长度只比你们的牙刷略长一些。"讲到这，你能猜出来这把刀的用途吗？原来它是一把"书刀"，当时的名字叫"削"。

那时人们把字写在简牍上，也就是竹条（称为竹简）或木片（称为木牍）上，一旦写了错字，就要用"削"将错字削掉。非常有意思的是，由于人们使用的简牍大多是自己制作的，而制作起来又不大容易，所以人们很珍惜简牍，有时还会将用过的简牍上的字都削去，然后重复使用。在甘肃北部居延汉代烽燧遗址中就发现了被重复使用过的竹简。

各式各样的"削"

削的样子大致是一端有圆形或扁圆形环纽，可以系带，与环纽相连的是供人手握的刀柄，接下来是扁长的削背和削刃，整体长度在 25 厘米左右。

先秦时期的削都为铜质，1978 年湖北随州曾侯乙墓中曾出土 4 把铜削，形制相同。随着冶铁技术的发展，汉代有了铁削、钢削，它们比铜削更为锋利，在河北保定、河南洛阳、四川成都等地都曾出土。

削

曾侯乙墓出土的铜削

如同橡皮一样,削是当年人们书写时必备的器物,为取用方便,人们往往就把它挂在腰间,在汉代的一些画像石中就能看到这种形象。因为削是文房用具,而且还是随身携带的,所以制作得都比较精致。曾侯乙墓出土的一件铜削不仅用玉制作环纽,而且玉上面还雕琢了整齐的云纹,并将环与柄的衔接处铸造成龙首形,上面镶嵌了绿松石,俨然

放大的玉制环纽　　　曾侯乙墓出土的玉首铜削

一词一世界

211

成了一件工艺品。

汉代四川成都等地生产过一种金马书刀，也就是在刀身上刻画一匹骏马，并镶嵌黄金。河北保定满城汉墓出土的书刀，竟然还有象牙鞘。

非常有趣的是，小小一把削竟然衍生出许多词。因为用削可以改正错字，人们在请他人审读、指正自己的文章时，便会说恳请"斧削"。古代官员在写奏折时难免要先写个草稿，在正式呈上奏折后，便将草稿销毁，古代称其为"削草"。汉代

错金铁书刀　东汉　中国国家博物馆藏

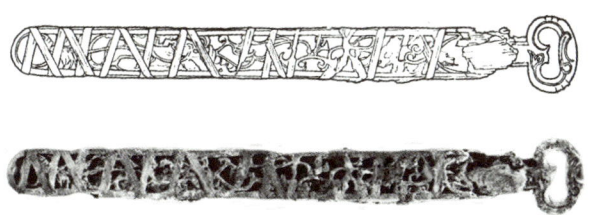

带有象牙鞘的书刀及其线图

有一个词叫"削书",初看上去和简牍文稿有关,实际上却是皇帝下令夺回王侯封地的诏书。到了唐代,纸已普遍使用,尽管不再用简牍,但人们为了追求文雅,怀念古风,称废弃的草稿为"削稿"。简简单单的一个"削"字,折射出中华文化的博大精深。

百"炼"才能成钢

有个成语叫"百炼成钢",比喻久经锻炼,变得非常坚强。人们为什么会用"炼钢"来形容只要有坚持不懈、持之以恒的精神,就能成为真正的"钢铁"呢?原来,这和钢的冶炼方法有很大关系。

中国是世界上最早炼生铁的国家,铁在人们的生产、生活以及战争中,都有着极为重要的作用。铁出现以后,很快就有了钢,而且中国是世界上最早生产钢的国家。那么,你知道铁和钢有什么关系吗?你能说出它们的区别吗?

仨铁哥们有什么区别

铁有生铁、熟铁之分，这两种铁都可以用来炼钢。你可以把生铁、熟铁和钢看作是三个铁哥们，它们三个的区别主要在于含碳量的多少：熟铁的含碳量在 0.04% 以下，生铁的含碳量则是 2%~4.3%，钢的含碳量介于二者之间。人们还进一步细分出了低碳钢、中碳钢和高碳钢。由于含碳量的差异，生铁、熟铁和钢的坚硬度、牢固度和可塑性等，也就有了很大不同。假如铁轨用熟铁做，立刻就会被轧成铁片了；要用生铁做，就会被轧裂、轧断。

钢原来是可以"炒"的

古人生产钢和我们近现代生产钢在工艺上有很大区别，古代有一种产钢工艺的名字非常有趣，叫"炒钢"。平常说到"炒"这个字，大家往往会把它跟加工食品联系起来，如炒菜、炒饭等，难道连钢也是炒出来的吗？

你别说，还真的是这样！古人在改进了炼铁炼钢的工艺后，先用炼炉炼出生铁，再将生铁铸件。比如把一些铁条放进炒钢炉中加热搅拌（即炒），铁条表层的碳会被氧化，工匠们趁热将铁条从炒钢炉中拿出进行折叠锻打（锤打），挤掉铁条中的夹杂物，随着温度的降低，铁条硬了，不能再锻打，便再次放进炒钢炉中加热搅拌,然后再取出进行折叠锻打,如此反复若干次,铁条中的碳和夹杂物就会减少,铁条就变成了钢。如果人们把成品的形状设计成一把刀,最后经过锻打制成的就会是一把钢刀。因为其中加热搅拌的过程很像炒菜,所以人们把这种炼钢方法叫"炒钢法"。用这种方法也可以把熟铁炒成钢,当然不是给熟铁脱碳,而是向熟铁中渗碳才行。

钢越炼越好吗

古人把加热锻打一次叫一涑(liàn,因古文献历史久远,经过多人辗转抄印,所以今天我们所见的古书中,这个字也常被写作"炼"或"铼")。

1974年,山东临沂出土了一柄东汉时期的大刀,它上面的铭文是"永初六年(112年)五月丙午造卅(sà,表示数字30)涑大刀吉羊(宜子孙)"。这段铭文告诉我们,这柄大刀应该是

"永初六年"钢刀 东汉
中国国家博物馆藏

216

被反复加热锻打了 30 次之后成型的。科研人员在显微镜下仔细观察它的断面，确实看到有 30 层左右。经检测，这柄大刀刃部的含碳量为 0.6%~0.7%，属于钢刀。

后来，在江苏徐州出土了一柄东汉时期的钢剑，上有"五十湅"的字样，而在日本奈良出土的一柄我国东汉晚期的大刀上则有"百湅清刚（钢）"的铭文，时间再晚一些，曹操也在文章中提到"百湅利器"，再后来，便有了成语"百炼成钢"。

其实，"百炼成钢"只是一个口头俗语，迎合了文学上的表达需要，并不是实际的工艺规格。钢并不是炼的次数越多越好，炼的次数过多，含碳量就会过低，钢的硬度就变差了。如果是用来当兵器，钢炼的次数过多，它的杀伤力会大大降低，因此必须保持适度的含碳量。

由于通过锻炼、锤炼，可以将生铁变成质地更好、用途也更广泛的钢，人们便将锻炼、锤炼这些词引申到身心修养、文学创作等方面，如要加强体育锻炼，塑造品格要经过千锤百炼，写文章要多锤炼等。

"饕餮"纹里有什么

同学们到博物馆参观时,往往会在商周时期的青铜器上看到这样一种纹饰,好像一只怪兽的头,瞪着一双又大又圆的眼睛,张着有獠牙的巨口,浓浓的眉毛,大大的耳朵,而人们铸造器物时形成的扉棱成了它又高又大的鼻子。这是什么纹饰呢?

饕餮纹为什么改叫兽面纹

我刚做讲解员的时候,按照讲解稿上写的告诉观众:"它是饕餮纹。"那什么是饕餮呢?讲解稿上写的是:"饕餮是神话中一种吃人的凶兽,因为它太贪吃了,竟然把自己给吃死了。"然而,现如今博物馆的展品说明牌上却将这种纹饰改叫"兽面纹",而不是"饕餮纹"了,这又是怎么回事呢?

原来,这是现在的青铜专家们研究出的结果。他们对饕餮纹进行反复观察、比较后，一致认为这种纹饰是将牛、羊、猪的面形综合化、图案化的一种结果，所以改称其为"兽面纹"。这个新名称会让观众感到更直观、更明了，而且也更容易理解商周时期人们把这种纹饰铸造在青铜器上的原因。在重要的青铜器如鼎、尊等礼器上面，这种纹饰都占据着显眼的位置，如著名的后母戊鼎，鼎身四面和四只鼎足上都是兽面纹。

大家知道，商周时期的奴隶主非常重视对神灵、祖先的祭祀，每当举行祭祀大典时，他们都要隆重地摆上鼎、尊等青铜

后母戊鼎 商 中国国家博物馆藏

礼器，在鼎里还要放上牛、羊、猪等祭品。鼎上装饰着象征牛、羊、猪的兽面纹，这就将装饰性与实用性密切结合起来了。此外，这些兽面纹看上去很威严、凶猛，让人望而生畏，正好符合祭祀大典庄重、神秘的气氛，也显示了奴隶主对祖先、对神灵的崇敬和虔诚。

不过，商周时期并没有人将这种纹饰叫"饕餮纹"，这个名称是后人根据它那狰狞的样子，联想到神话传说中的凶兽饕餮给它起的。如《吕氏春秋》中就说："周鼎铸饕餮，有首无身。"到了宋代，人们根据《吕氏春秋》的说法，才正式将这种纹饰定名为"饕餮纹"。

饕餮之徒令人厌

因为饕餮是贪吃的凶兽，所以饕餮还成了那些贪吃、贪财

的人的代称。早在《左传》中就记载："缙云氏有不才子，贪于饮食，冒于货贿（财货、财物）……谓之饕餮。"《左传》中记载的"饕餮"是指缙云氏之子，现在我们也将贪图吃喝、贪得无厌的人称为"饕餮之徒"，可谓和古代一脉相承。

青铜纹饰知多少

专家们曾对青铜器上的几十种纹饰进行了科学分类，你知道共有多少类吗？饕餮纹又属于哪一类呢？我归纳了一下专家们的意见——青铜器上的纹饰可以分为写实动物纹、奇异动物纹、几何形纹和人事活动纹四大类。

写实动物纹就是描绘自然界中真实存在的各种动物的图案，如牛、羊、猪、象、兔、

龙虎纹青铜尊　商
中国国家博物馆藏

四羊方尊 商
中国国家博物馆藏

虎、鸟、鱼、蚕等。较为知名的青铜器有四羊方尊等。

奇异动物纹呢，描绘的是人们幻想出来的动物，如龙、凤、夔龙（它的样子像龙，但只有一只足）、蟠虺（pán huǐ，小蛇状的动物）等的图案。龙虎纹青铜尊、错金银四龙四凤铜方案座等青铜器上就有这类纹饰。

几何形纹则是由几何图案组成的一种有规律的纹饰，也是最常见的纹饰，几乎每一件铜器上都有。云雷纹、弦纹、乳钉纹、绳纹、鳞片纹、环带纹等都属于几何形纹。

最后，我们再说说人事活动纹。这种纹饰展示的是人们歌舞、宴乐、狩猎、攻战等情景。有几件战国时代的青铜壶，器物纹饰以水陆攻战为主题，这种纹饰对研究当时的战争、礼俗、生产等都有重要的作用。

现在，请你说一说，饕餮纹应该属于以上哪类纹饰呢？

宴乐渔猎攻战纹壶　战国　故宫博物院藏

"鉴定"源于两种青铜器

"鉴定"是现在我们经常能看到的一个词,例如文物鉴定、事故鉴定等。每学期期末,老师也会给学生写评语,这本质上也是一种鉴定。鉴定的含义是辨别并确定事物的真伪、优劣等。那"鉴定"一词为什么会有这么大的作用呢?这就必须从"鉴"说起了。

有趣的是,"鉴"与"监"本是同义字,这两个字在结构上既有相似的地方也有不小的区别:相似的地方是二者的上半部分,不同的地方则是下半部分,"鉴"字的下半部分是"金",而"监"字的下半部分是"皿"。著名学者郭沫若曾说:"古人以水为监,即以盆盛水而照容,此种水盆即称为监,以铜为之则作鉴。"原来,"监"指的是陶器,"鉴"指的是铜器。现在你明白它们在质地上的区别了吧。

"镜"与"鉴"的渊源

大家都知道,我们可以看清别人的容貌,但如果不借助工具,是看不见自己模样的。先民们偶然间在静止的水面中看到了自己的脸,十分惊喜。10 000多年前,人们学会了制作陶器,就有意识地在陶盆中放水来照自己的面容。这种陶盆口比较大,被称为"监"。4000多年前,人们发现了铜,掌握了炼铜、铸铜的技术,就铸造了铜鉴和铜镜(铜鉴是盛水的容器,而铜镜则是平面的器具)作为照容貌的工具。甲骨文的"监"字和金文的"鉴"字,都很像一个人在水盆旁看自己的容貌。

甲骨文"监"　　　　　　金文"鉴"

目前我们所知中国最早的铜镜是4000多年前的七角星纹铜镜,最早的铜鉴出现在2000多年前的春秋中期。铜鉴是什么样子的呢?你不妨将它想象为一个大号的铜盆。

七角星纹铜镜　新石器时代
青海省博物馆藏

春秋晚期和战国时代的铜鉴最为流行。中国国家博物馆收藏了两个铜鉴，一个叫"吴王光鉴"，一个叫"夫差鉴"。吴王光是吴王阖闾（hé lǘ），他是夫差的爸爸。两个铜鉴都被完整发现，现在还被收藏在同一个博物馆，这是不是太巧、太有趣了。我们从铜鉴上的铭文中知道，"吴王光鉴"是吴王阖闾为女儿出嫁而制作的陪嫁品，而"夫差鉴"则是夫差自己使用的。

吴王光鉴　春秋　中国国家博物馆藏

夫差鉴　春秋　中国国家博物馆藏

铜鉴和铜镜虽然在形状上不同，但都是照容貌的器皿。东汉大学问家郑玄说"鉴亦镜也"，也就是说"鉴"与"镜"两个字同义。由于铜镜更便于携带、更具观赏性，所以汉代以后就不见铜鉴的实物，而只有其名称了。

归纳一下，古人照见自己容貌的过程大概是这样的发展顺序：在自然静止的水中看到自己，在陶盆内静止的水中看到自己，用铜镜或者铜鉴照见自己的容貌，用更加方便的铜镜取代铜鉴。

千变万化的铜镜

古人制作铜镜的水平十分高超,许多铜镜堪称精美的艺术品。不过,铜镜的装饰都在镜子的背面,我们在博物馆中看到的也大都是铜镜的背面。

铜镜背面的内容丰富多彩:有描绘神话传说、各种人物故事的,有装饰几何图案或者动植物图案的,有标明铜镜铸造的年代和工匠姓名的,还有写了"长宜子孙""千秋万岁""君宜高官""千代长存"等吉祥语的。

铜镜背面的纹饰,绝大多数都是铸成的。唐代时,人们发明了两种装饰铜镜的新手法:一种是将黄金或白银打成薄片,然后雕刻成一定图案,用漆粘在铜镜背面,叫作"金银平脱";另一种是把贝壳切割成各种图形,再将贝壳表面磨平,精心雕刻出各种纹饰,如人的面孔、树的叶脉、鸟的羽毛等,然后再用漆把它们粘到铜镜背面,这种技艺叫"螺钿"。由于贝

羽人花鸟纹金银平脱镜 唐
中国国家博物馆藏

228

高士宴乐纹嵌螺钿镜 唐
中国国家博物馆藏

壳有多种光泽，黄金白银更是闪闪发光，所以这两种铜镜显得格外美观。

古代的铜镜不光背面的装饰丰富，形状也各不相同，大部分是圆形的，但也有少量方形、八棱形、菱形或荷花形的。一般铜镜背面都有一个纽，从这里可以穿过一条丝带，人们可以手握丝带举着铜镜照镜子。人们还把小一点的铜镜系在腰间随身携带，以便随时使用。到了清朝中期，玻璃镜逐渐普及，铜镜就基本退出历史舞台了。

龙纹葵花镜　唐　上海博物馆藏

铜镜用久了表面可能会生锈，亮度难免会降低，因此古代还有专门从事磨镜子的匠人，人们可以定期请工匠对铜镜进行打磨，使铜镜光亮如初。

关于铜镜亮不亮这个普通的生活现象，在古代思想家庄子那里另有一番理论。他说："鉴明则尘垢不止，止则不明也。久与贤人处则无过。"意思是说，镜子明亮则不落灰尘，落了灰尘则不明亮，经常与贤明的人相处，自己就不会有什么过错了。他的说法富有哲理，这种细心观察事物、认真思索、善于联想的精神，很值得我们学习。

铜镜的多重功用

如果你认为铜镜只是照人们样貌的工具，那你可太小看它了，事实上它的作用可是有不少呢。

最神奇的是，有一种铜镜能利用太阳生火！咱们现代人一般都知道光的反射这一科学原理，将一面小镜子在阳光底下对着墙面照，墙面上会出现一个光斑。古人也注意到了身边的各种反射现象，战国时就有人将铜镜的表面制成凹面，对着太阳聚光，能将一定距离内的物品引燃，于是，一种新型的取火工具被发明了出来，这种镜子被称为"阳燧"。这可不可以算是2000多年前古人对太阳能的一种开发利用呢？在《看"火候"凭的是经验》一文中也有关于"阳燧"的介绍，你可以去看看。

铜镜还是一种信物，成语"破镜重圆"就来源于千年前一个真实的故事：一对恩爱的夫妻因战乱被迫离散，分离时各持一半铜镜作为凭证，后来他们真的就凭各自那一半铜镜又重新

铜阳燧　西汉
扬州博物馆藏

走到了一起。

除了流传下来的人物故事，考古工作者也有发现：唐宋时期的墓葬中，会出现一面铜镜被分为两半，分别放入夫妻的墓中的情况，这也有"破镜重圆"的意思。

人们在用铜镜照容貌这个生活习惯上，升华出了更深层次的寓意，涉及人的行为举止、人品修养。战国时代有这样一个有趣的小故事：齐国有一个叫邹忌的人，他早晨对着镜子整理衣冠，欣赏自己的容貌，并分别询问妻、妾、客人：是自己长得美，还是齐国有名的美男子徐公美？他们都回答说是邹忌更美。可邹忌见了徐公后却发现自己远不如徐公。于是他就想，为什么我明明不如徐公美，可妻、妾、客人却说我比徐公美呢？他思考后悟出了原因：妻子因为爱他、小妾因为怕他、客人则因为有求于他，所以就都违心地说他比徐公美。后来邹忌用悟出的这个道理去规劝当时的齐威王，希望齐威王虚心纳谏，正视问题，改正错误。这个有趣的故事就记载在《战国策》中，有时间可以找来读一读。

还有一个更加感人的纳谏故事，故事的主人公是唐太宗和魏征。在封建帝王中，唐太宗以善纳谏而闻名，而魏征也是一个出名的敢于直言进谏的人。据史书记载，魏征曾先后向唐太宗进谏200多件事。有一年他写了《谏太宗十思疏》，用前代兴亡的历史教训提醒唐太宗"居安思危，戒奢以俭"。唐太宗仔细阅读了这篇奏章后，亲自写诏书答复魏征，承认自己的过失，并且将魏征的奏章放在案头上，随时警醒和督促自己。魏征去世后，唐太宗亲自去吊唁，并撰写碑文加以表彰，还在一次朝会上对群臣说，魏征去世，自己犹如失去了一面镜子。也许你之前听过唐太宗这句话："以铜为镜，可以正衣冠；以古为镜，可以知兴替；以人为镜，可以明得失。"这句话将镜子的作用提到了前所未有的高度，非常发人深省。

当然，通过镜、鉴产生的不仅仅是"鉴定"这个词，还有"照面"，这个词被引申为和他人有短暂的相见；又如吸取教训、学习经验，被说成是"借鉴""借镜"；观看、欣赏书画艺术品称为"鉴赏"……

"漆"是中国古代的一项发明

漆黑

人们常常将黑暗的空间形容为"漆黑一团"。有一次我和同伴们到煤矿的巷道里参观，下到巷道时，大家一同将头顶的矿灯关闭，那真的就是立刻什么也看不见了，大家异口同声地说："真是漆黑一片呀！"本文说的"漆黑"不光是一个形容词，还是我们祖先为人类文明做出的一项重要贡献，你知道这是怎么回事吗？

由"生"变"熟"的漆

说漆黑自然要从"漆"讲起，这里的"漆"不是现在我们到处可以见到的涂料漆，而是"大漆"，也叫"天然漆"，是自然界的产物——漆树的汁液。

在我国温暖湿润的地方，例如贵州、四川、云南、湖北等地，都有丰富的漆树资源。人们将漆树皮深深割开，便会有乳白色的漆液流出，这种刚流出的漆液被称为"生漆"。生漆在暴晒后，水分渐渐蒸发，会变成半透明的"熟漆"。

我们的祖先有可能是在森林中狩猎或伐木时，偶然间用石斧、石刀等割破了漆树的皮，发现了流出来的漆液。由于漆液有很强的黏性，祖先也许就把它当黏合剂用了。之后，漆的防水、防锈、防腐蚀、美化等功能被祖先一一认识和利用。总之，人类对漆的使用经历了一个相当漫长的过程，但不论怎样推断，有一点是不容置疑的，那就是中国是世界上最早发现和使用天然漆的国家。

历久弥新的漆器

将漆液涂在各种木质（也有少量竹质、皮革质）的生活用品或者工艺品的表面，就制成了我们常说的漆器。中国是世界漆器手工业的发祥地。

2002 年，考古工作者在浙江杭州跨湖桥遗址中发现了一把涂了漆的木弓，距今七八千年，它成为研究中国古代漆器起源的最早物证。

1977 年，浙江余姚河姆渡遗址出土的漆木碗、漆木桶上涂有朱红色的漆，它们距今约 7000 年，是我国已知较早的漆器。

235

人们将朱砂加入熟漆中，就可以得到红色的漆；若加入铁矿石，制成的则是黑色的漆，那颜色不就是"漆黑"吗？我国古代使用最多的是朱漆和黑漆。由于涂了漆的器物都会有很强的光泽感，变得油亮油亮的，人们就顺口造了"油漆"这个词。

汉代以前的漆器，主要是日常生活器具、丧葬用品、兵器、乐器等。假如你穿越时空和汉代的大将军韩信相遇了，你会看到他的士兵拿着漆盾牌，挎着的腰刀上有漆刀鞘。当韩信坐下来同你吃饭的时候，每个人面前会有一个长方形的漆案，上面放着盛有肉和面食的漆盘，还有喝酒、喝水的漆耳杯，还有人用漆琴、漆瑟、漆鼓、漆笙等为你们演奏乐曲。当时漆器的种类是不是很丰富呢？

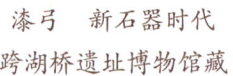

漆弓　新石器时代
跨湖桥遗址博物馆藏

朱漆木碗邮票

世界闻名的湖南长沙马王堆汉墓中出土了 700 多件漆器，无论是谁，第一次看到它们的时候，肯定都有点不敢相信自己的眼睛，甚至还会发问："这真的是原件吗？"因为这些漆器都制作得太精美，保存得太完好了！尽管它们被埋在地下 2000 多年，可现在看起来依然跟新的一样。

会"讲故事"的漆器

古人制作漆器追求美观，并不是简单地涂涂漆就行了，而是要在漆的底色上再彩绘上人物、动物、花草、云彩等各种图案进行装饰。在丰富多样的漆器彩绘作品中有一幅人物故事画，

画得既精美又富有教育意义，我们一起来欣赏一下吧。

在安徽发现了一件三国时期的季札（zhá）挂剑图漆盘，最外边是两圈装饰画，有莲蓬、游鱼、白鹭啄鱼和童子戏鱼等内容。

你注意看那几条游鱼，不仅姿态都不一样，而且鱼身上色彩的呈现也富有层次——鱼的背部是深灰色，鱼的腹部是金色，鱼的鳞片、鳍和身上的斑纹用黑色的细线勾出，立体感极强，真是形象逼真，栩栩如生。

漆盘中间是最引人注目的部分，画面中一共站立了3个人，站在最前面、身穿红袍的是最重要的人。他刚刚祭拜过已经故去的友人，又很郑重地把身上佩带的宝剑挂在墓旁的一棵树上。他是谁，为什么要把宝剑挂在这棵树上呢？

原来这位年轻人叫季札，是春秋时期吴国国王的弟弟。他聪明好学，多才多艺，待人真诚亲切，所以人们都乐意和他交朋友。吴国国王看弟弟这么能干，又很受人们的欢迎和尊敬，就常派他到别的国家访问。

有一天，季札来到了洪泽湖边的徐国。徐国的国君早就听说了季札的学问和人品，而季札也了解到这位徐国国君是个很受人民爱戴的人，两个人一见如故，相谈甚欢。在谈话中，徐国国君不断称赞季札的剑术和他的宝剑，其实是想讨要季札的宝剑，可毕竟是第一次见面，也不好意思开口。季札多聪明呀，他从徐国国君的话语和表情中完全明白了对方的意思，本想立

季札挂剑图漆盘　三国
朱然家族墓地博物馆藏

刻就满足徐国国君的愿望，把宝剑赠送给眼前这位新朋友，可是他还要到另一个国家去，这宝剑是身份的象征，不能不佩带呀。想到这里，他暗暗下定决心，等完成出使任务后，再回来把宝剑赠送给徐国国君。

天有不测风云，谁也没有料到，季札同徐国国君告别后不久，徐国国君突然生病，不幸去世了。对一般人来说，既然对方已经去世，除了悼念也就不必再送什么物品了，可是季札完成访问另一个国家的任务返回徐国时，他想：既然我已在心中许诺要把这把宝剑赠送给徐国国君，现在不能因为他死了就违背承诺。于是在祭奠了徐国国君后，季札就把自己的宝剑挂在了徐国国君墓旁的树上。

古代工匠把"季札挂剑"的故事画在了漆器上，希望人们能够记住诚信是一个人非常重要的品德，每个人都应该将诚信看成是做人的根本。你喜欢季札的故事吗？你愿意把它告诉你的小伙伴吗？

不可小觑的髹漆技术

汉代以后，由于瓷器大量进入生活领域，漆器就转向工艺品方向发展了。唐代产生了一种雕漆工艺。"雕塑""雕刻"这些词你一定不陌生，但漆怎么雕刻呀？这难不倒聪明又好动脑筋的古人，他们先做好一个木胎，然后在上面一层一层地刷漆，

这称作"髹（xiū）漆"。请注意，不是不间断地髹，每髹一层都要放置几个小时，等到漆基本干了后，再髹一层，每天只能髹两三层。雕刻的内容不同，髹漆厚度也不一样，一般都要髹 150 多层。待漆达到一定厚度时，就可以进行雕刻了。

雕漆的纹饰具有层次分明、立体感强的效果，有非常高的观赏价值。如果髹的都是红漆，就叫"剔红"，如果髹的都是黑漆，就叫"剔黑"，当然还有剔绿、剔黄、剔犀、剔彩等。其中，剔犀一般使用两种色漆（多以红、黑为主），先把一种颜色的漆刷在胎上，刷到一定厚度后换另一种颜色的漆再刷，有规律地使两种色层达到一定厚度后，再用刀雕刻出回纹、云纹、卷草纹等不同的图案。虽然雕漆制品出现得比较晚，但它很快就成了人见人爱的工艺美术品，一直到今天，人们还对它青睐有加。

剔犀寿字云纹瓷胎尊　清
故宫博物院藏

漆还是好涂料

讲到这里,漆的一个大作用我还没有讲,你想到是什么了吗?给你点提示:你想想曾看见过的古代房屋的门、窗、柱子的表面是什么样子的?是不是都有比较厚的漆?我国传统的建筑都是以木材为主要建筑材料的,木材不仅怕火,还很怕水。长时间处在潮湿环境中,木材很容易生虫、腐朽。人们就将漆刷在门、窗和柱子表面用来防潮,而且刷得比较厚。建筑上的漆大部分都是彩色的,尤其以红色和绿色居多。这样一来,建筑物不仅得到了很好的保护,还更加美观,也便于擦洗,可谓一举三得。现在的很多建筑表面也要喷刷化工涂料,这和古代建筑物上刷漆有着异曲同工之妙。

中国的漆器和髹漆技术,从汉代开始就走出了国门,先是传到邻近的日本、朝鲜,后来经丝绸之路陆续传到了中亚、西亚、北非,还传到了欧洲一些国家。我们可以非常自豪地说,世界上制造漆器的国家,或多或少都受到了中国漆器的影响。

值得一提的是,现代科学研究发现,天然漆成膜后还具有耐高温、耐冲击、耐多种溶剂、防海洋生物附着和防原子辐射等性能,因此天然漆被运用到了交通、化工、航天等领域,它的潜在价值还有待于进一步挖掘。

"成绩"原是古代纺织的一道工序

"成绩"这个词经常被大家挂在嘴边,比如"明天公布考试成绩""学习成绩又有进步""我们班同学的语文成绩都很好"等。对于一些英雄事迹或重大成就,人们往往会用"丰功伟绩"来形容。那么,你是否注意到"绩"字有个绞丝旁呢?这是不是意味着它和古代的纺织有关系呢?

最早的布

说到古代纺织,你知道我们祖先最早是用什么材料织布的吗?考古发掘告诉我们,我们的祖先最早是用葛藤的纤维织成葛布的。江苏草鞋山遗址就出土了五六千年前的3块葛布残片。

讲到葛布,大家可能会感到有些陌生。葛生长在我国气候

葛布残片　　　　　　　葛

温暖湿润的南方山区，为多年生藤本植物，花朵呈紫红色，根部可以食用。现在市场上就有葛根粉出售。

《诗经》中有一句"葛之覃兮，施于中谷"，意思是葛的枝叶长得又长又茂盛，山谷中都是它。诗人曹植作有"种葛南山下，葛藟自成阴"的诗句。这表明人们不仅采用野生的葛，还要大量种植葛以满足需要。

周代还专门设置了"掌葛"这样一个官职。掌葛负责征收和管理葛。从课本中你知道了越王勾践，当年他被吴王夫差放归以后，为了继续麻痹吴王，积蓄力量，就曾让大夫文种负责带领越国人种葛、采葛，最后织成了10万匹葛布献给吴王。这说明当年葛布的产量是非常大的。

葛布比较垂挺，不粘身，夏天人们穿葛布衣服会感觉格外凉爽。和其他衣料有精细、粗糙之分一样，葛布也有精有粗。古代将精细的葛布叫"绤（chī）"，供贵族穿用，普通劳动者只能穿被称为"綌（xì）"的粗糙葛布。宋代以后，棉花开始被广泛种植，除一些边远山区外，葛布渐渐退出了市场。

接长纤维有高招

比葛布稍晚一些出现的是麻布，浙江湖州钱山漾遗址就出土过4700多年前的苎麻布。天然的苎麻纤维长度平均在10厘米左右，而织布用的线却必须是又细又匀、长达几米才行。那怎样才能将麻纤维接长，而且还要接得均匀、牢固呢？这可是个大难题。人们总不能把一段一段的纤维用打结的方法接起来吧，有那么多疙瘩，还怎么织布呢？那时也没有用来粘连的胶水，即使有也不能用，不然织成的布遇水不就断开了吗？

聪明的古人在实践中有了高招，他们从搓绳索中得到启发，先用手指将麻皮，也就是麻纤维分劈成细细的麻丝（缕），然后将这根麻丝的头搭上另一根麻丝的尾，用手指搓动，就把它们捻在一起了。这样就可以把一根一根不够长的麻丝捻接成细长的麻线，用来织麻布了。这个捻接的过程就叫"绩"，也叫"成绩"。

也许你会想，就是那么用手指搓一搓，如果松开手了，麻丝会不会反转回去又重新散开呢？聪明的祖先自然注意到这个

问题了，他们运用一种叫"加拈"的办法，非常完美地解决了这个问题。

在五六千年前，人们发明了一种看起来十分简单而工作原理却很科学的工具，它的名字叫"纺专"。它的整体形状像是一个倒着写的"T"，包含两个小部件：一个是扁圆形的、中间有孔的石片或陶片，大小和你的手掌心差不多，厚薄和你小拇指的厚度相仿，名字叫"纺轮"，也叫"专盘"；另一个是一根叫作"专杆"的短木杆，有10多厘米长，插在纺轮中间的孔中。

纺轮是用来旋转产生捻力的，专杆是用来卷绕捻制后的纱线的。人们将待捻的麻丝一头固定在专杆上，用手转动纺轮，专杆和专杆上的麻丝自然就跟着旋转了，利用这旋转的时机便可以将另一根麻丝捻上，捻接成麻线。

随着麻线越来越长，就在纺专停止转动时，将加拈过的线卷绕在专杆上，然后再次给纺轮加力，使它继续旋转加拈，接下来再盘绕，如此循环反复。纺专旋转所产生的捻力，比人手指的捻力更大、更均匀，而且因为纺

纺专

轮的重量，还会产生重力牵引，这样接成的麻线，既避免了接头散开，也更适宜织布。当然，"成绩"的速度也大幅度提高了。

甲骨文中的这个 ❦（专）字形象地表现了当年人们加捻成绩的过程：∨像纱线在旋转加捻，⊕表示加捻过的纱线绕在专杆上，Ψ代表用手转动纺轮。甲骨文的文字和出土的纺专实物十分相像。由于人们还可以用纺专将几股麻丝（蚕丝、棉纱）合并成一根更粗实的麻线（丝线、棉线），后来就派生出"专一"这个词。一道纺织工序，居然产生了不止一个词语，算得上是大有成绩了吧！

还要强调一点的是，看起来结构十分简单的纺专，竟然是现代纺织工业中纺锭的前身。远古的纺专和现代的纺锭有着相同的工作原理，古人实在太了不起了！这也告诉我们，在日常的学习和生活中，绝不可以忽视那些所谓的小事、简单事，一些小事中很可能包含着大道理！

"镀金"是金属器表面的装饰工艺

现在，人们有时会开玩笑地把留学称为"出国镀金"，有时还会将对一些事物的表面进行美化或者特殊处理形容为"镀金"，如一瓶葡萄酒在国际空间站中被放置了约14个月后回到地球，"身价"倍增，媒体报道时说这瓶葡萄酒到太空"镀金"了。而"镀金"这个词，原本指的是一种工艺，是一种主要对金属器物表面进行装饰的技术。运用这种工艺，人们就可以用很少量的黄金使一件器物变得金光灿灿，而且能使器物长时间不变色，很好地满足了人们对美的追求。

4000年前的黄金制品

黄金特有的灿烂光泽吸引着人们的目光,而且黄金比较软,容易加工,所以它很早就受到了人们的喜爱。我国的考古工作者在甘肃玉门火烧沟遗址发掘了距今约4000年的金耳环,这也是我国目前所知最早的金制品。

进入商代后,金制品的数量明显增多,在北京、四川、河南等地都曾出土。四川广汉三星堆遗址出土的金面罩、金杖和四川成都金沙遗址出土的太阳神鸟金饰,更是世界知名的重要文物。

火烧沟遗址出土的
金耳环

金面罩　商　三星堆博物馆藏

太阳神鸟金饰　商周
金沙遗址博物馆藏

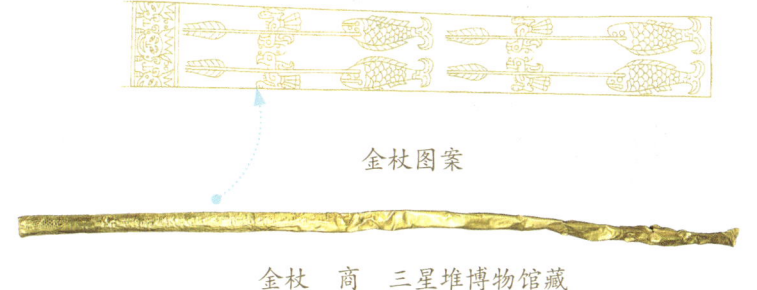

金杖图案

金杖　商　三星堆博物馆藏

黄金实在太难得

然而黄金是一种在地球上储存量非常稀少的贵金属,即使找到了金矿,开采金矿和提取黄金对古人来说难度也很大,一吨金矿石仅能炼出 5 克黄金。

商周时期,人们主要是采集河流中的沙金(风化后的金矿石被冲到河流中,经河水冲刷逐渐形成的一个个非常微小的金粒,被称为沙金),所以我国自古就有"沙里淘金"的说法。春秋战国时期的大思想家韩非在书中记载:"荆南之地,丽水之中生金,人多窃采金。"这句话是说楚国南部的丽水(今云南境内的金沙江)中有金子,很多人偷偷去采。古时候由于黄金的储量和产量远远满足不了人们的需求,所以镀金技术就应运而生了。不过当时并不叫"镀金",而叫"鎏金"。

根据考古发现,目前所知我国最早的鎏金制品是战国时代

鎏金嵌玉龙首银带钩　战国　中国国家博物馆藏

鎏金对兽形铜饰　西汉
河北博物院藏

的鎏金车马饰、鎏金带钩等。到了汉代,鎏金制品大量增加。如果你到博物馆去参观,会发现几乎各个朝代都有鎏金制品。那么,鎏金是一种怎样的工艺呢?

鎏金五步曲

鎏金的主要材料是黄金和汞。工匠先将黄金打成极薄极薄的金箔(差不多是现在一张作业纸的五分之一那么厚),并将金箔剪成细丝。

做金箔

然后,按黄金与汞的重量 1:7 的比例,将剪好的金丝放入汞中,经过适当的加热和搅拌,黄金就完全与汞混合在一起,形态似泥膏状,人们称它为"金泥"。

做金泥

下一个环节叫"抹金"。人们用特制的扁头铜棍,将金泥均匀地涂抹在被镀物表面(被镀物的表面一定要清洗得非常干净,以免影响鎏金效果),而且要边涂边压,使金泥和被镀物紧密结合。

抹金

接下来就要用火烤了。工匠们将涂好金泥的物件在炭火上烧烤。由于汞的沸点远低于黄金,在烧烤过程中,汞便会从金泥中逐渐析出,变成汞蒸气挥发掉,被镀物的表面就仅留下黄金了。

烧烤

然后工匠们再用酸梅水、杏干水等呈弱酸性的液体清洗鎏金器物表面,用工具对鎏金表面进行磨压,使金层更致密、与被镀物结合得更牢固。

原本是铜质或者银质的器物,就这样"容颜"大变,变成金光闪闪的样子呈现在人们面前了。

古人不知汞有毒

因为有用炭火烧烤这个环节,所以鎏金也叫"火镀金"。又因为使用大量的汞,所以也叫"汞镀金"。必须要说明的一点是,汞蒸气是有剧毒的,古代工匠进行鎏金时,汞蒸气会通过呼吸道、皮肤进入人体,对人的身体健康造成非常大的伤害。然而,由于古代科学不发达,人们并不能认识到汞的危害。一些帝王为了追求长生不老,还专门请人炼制含有汞的丹丸,结果他们不仅没能长寿,反而早早丢了性命。大量事实说明科学知识是多么重要呀!随着科学技术的发展,100多年前出现的电镀镀金工艺,使那些为大家带来精美艺术品的镀金工匠不再受汞的伤害。

看"火候"凭的是经验

在日常生活中，人们常用"火候"一词来表示多种意思，比如与下厨有关的，指烧火的火力大小和时间长短时说"这还没全熟，欠点火候""没掌握好火候，炒煳了"；当某种事情还不到参与时机时说"火候没到，再等等看"；用来比喻学艺不精时说"还欠火候，还要再下功夫"……其实这些都是对"火候"一词的延伸和泛用。

看火焰，知火候

火候的本义是人们观察到的火焰颜色。这个词源于我国古代工匠冶炼铜铁、烧制陶瓷时的生产实践，工匠们能够凭借经验目测火焰的温度。

你有没有注意到不同的物品，比如蜡烛、木柴、纸张、天然气等在着火的时候火光的颜色是不相同的呢？勤劳智慧的祖先，早就注意到了不同物质在燃烧时的火焰颜色不同，并非常成功地将这一发现予以充分利用。

2400年前的《考工记》中就记述了人们冶炼青铜时观察到的火焰颜色："凡铸金之状，金与锡，黑浊之气竭，黄白次之；黄白之气竭，青白次之；青白之气竭，青气次之。然后可铸也。"这里的"金"不是黄金，而是铜。同样的道理，铸或刻在青铜器上的文字称为"金文"，而不叫"铜文"。这段话的意思是说冶炼青铜的时候，应当在熔炉中加入铜和锡，最先熔化、挥发的是那些污秽和杂质，这时的火焰颜色发暗发黑；接下来的火焰呈现为黄白色；随着炉温的升高，黄白色的火焰变为了青白色，青白色火焰又变为青色（这也是"炉火纯青"的本义），这时铜与锡的合金青铜就诞生了，人们可以开炉铸造各种器物了。

烧制陶瓷时，不仅离不开高温（大多是1000℃以上的高温），还要精确地控制温度的高低：瓷器的烧制温度大多需要1200℃以上，否则瓷土就完不成化学反应，瓷器就不能烧"熟"；而陶器的烧制温度稍低一些，大多只需要800℃左右就可以了。

冶炼生铁时，炉温要达到1100~1200℃，铁矿石才能熔化，生成液体状态的生铁。欧洲虽然在公元前1000年左右就已经使用铁了，可他们一直只能生产含有较多杂质的海绵铁（也叫块炼铁），直到 13 世纪都没炼出液态生铁，就是因为他们的炉温达不到要求。而中国在 2500 多年前就发明了鼓风设施，使用鼓风设施向炼铁炉内鼓风，就能大大增加氧气含量，炉温就上去了。温度够了，液态生铁就能冶炼出来了，从而能顺利浇铸铁器。

知火候，凭经验

无论是炼钢铁，还是烧制陶瓷都需要超高的温度，然而温度计直到 16 世纪才被发明出来，古代没有任何可测定并显示温度的器具，古人要炼、要烧的都在炼炉或者窑室内，人们要想准确掌握并控制炼炉或窑室的温度，就全凭看火候，也就是辨别火焰颜色。人们能精准地辨别火焰颜色，完全依靠在长期实践中积累的丰富经验。不妨向你举个炒菜的小例子：当你跟一位大厨学习炒菜时，问他应该放多少油、多少盐，他多半会说"油稍多，盐少许"。听他这么说，你能准确掌握放多少油、多少盐吗？还不是要多炒几次，慢慢摸索才能掌握油和盐的量。同样，古代的工匠要想掌握看火候的真本事，就要踏踏实实地跟着老师傅学习，一点一点地积累经验。总之，看火候听着好像有些玄妙，但它其实是有科学依据的。

再告诉你一个事实，我曾多次到瓷厂参观，看到那里虽然装有先进的高温测量仪器，但是在烧制瓷器时，仍然少不了看火候，高级技工更是"火眼金睛"，让人由衷地赞叹。

人们看火候看了很久很久，可是我们从唐代的笔记小说集《酉阳杂俎》中才第一次见到"火候"这个词。书中讲到一位将军家的饭食时说"物无不堪吃，唯在火候，善均五味"。这里的火候用到吃食上了，这也说明，火候一词的使用范围已经扩大了。

火从哪里来

火候讲的是看火，那你知道，人们是从什么时候开始使用火的吗？接下来讲一点古代在取火上的创造。

有专家认为，我国用火的历史可以追溯到约170万年前。云南元谋人的遗址中就有用火的痕迹。但要说明的是，由于时间太久远了，元谋人会使用火的说法，因为遗存数量少，且保存状况不佳，尚未得到学术界的一致认可。当前国内外学术界一致认为，北京周口店发现的烧骨、烧石等是中国古人类最早的用火遗存。考古人员还发现了当年"北京人"的火塘，也就是说"北京人"不仅能用火，还能控制火，他们集中在一个地方用火取暖、照明、烧烤兽肉，并让火长燃不灭。

"北京人"用的火当然是自然火，也许是雷击导致了林木起火，也许是天气干燥时，磷自燃引发了火。人们把火带回洞穴，小心地保护着。然而保留火种也不是一件容易的事，一旦下暴雨，大水冲进洞穴，火就熄灭了。要把用火的自由掌握在手中，人们就要寻找生火的方法。

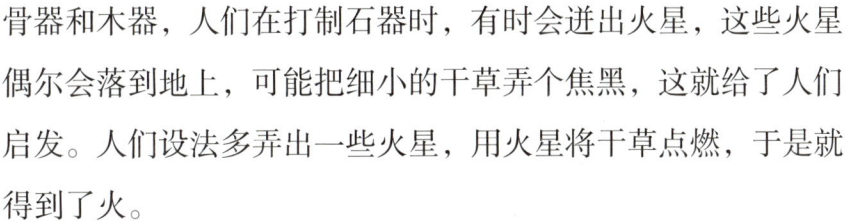

远古人类使用的工具是石器、骨器和木器，人们在打制石器时，有时会迸出火星，这些火星偶尔会落到地上，可能把细小的干草弄个焦黑，这就给了人们启发。人们设法多弄出一些火星，用火星将干草点燃，于是就得到了火。

在北京周口店山顶洞人遗址中，人们发现了约3万年前的穿孔小石珠和穿孔小砾石。给石头穿孔可不是件轻而易举的事，一定是反复钻磨的结果，于是，有专家据此推断，山顶洞人可能已经会钻木取火了。

原始社会时期钻木取火的工具没有留存下来，我们不知道原始人钻木取火的具体方法。然而在我国一些少数民族地区还保留着多种钻木取火的工具，让我们能据此推断古人类钻木取火的方法。

在二十世纪六七十年代，我的一位同事深入到云南、海南进行考古调查，搜集到了不少钻木取火的资料。他还请黎族、佤(wǎ)族、傣族、拉祜(hù)族的同胞，分别用木板、木棍、竹片、小竹筒、草绒等完成了取火，成为钻木取火的实证。他们那些古老的取火工具，还被征集到博物馆里，作为民族文物受到保护、珍藏。

除了钻木取火，我们的祖先还创造了一种取火的方法，那就是向太阳取火。人们用青铜铸成一种圆形的镜子，镜面是凹面，这就是"阳燧"。古人将

黎族钻木取火工具　现代　海南省博物馆藏

阳燧的凹面对着太阳，照在凹面上的阳光反射在一个焦点上，焦点处放置容易被点燃的干草，不一会干草就起火了。20世纪80年代，我在中央电视台少儿节目中讲阳燧的时候，曾现场用阳燧将纸烧焦。在陕西的考古发掘中，出土了西周时期的阳燧。古文献中还记载，西周在宫廷中设有专管阳燧取火的官员，名为"司烜氏"。这些都说明，至少在3000年前我国就用阳燧取火了。

据记载，当年还有冰燧，人们将冰块削出一个凹面，同样利用反射的原理聚焦取火，但只见于记载。

除阳燧、冰燧外，我国古人还曾用玻璃制作的凸透镜取火，安徽亳州曹操宗族墓，就曾出土聚光用的玻璃镜。

西周阳燧

曹操宗族墓出土的聚光玻璃镜

我国许多古老的传说总会将一些重大发明归功于某个神话人物，如神农氏教人耕种，黄帝的妻子嫘祖发明养蚕缫丝的方法、教民纺织……那人工取火呢？战国时期的《韩非子》一书中出现了"燧人氏"，书中称他为圣人，说他"钻燧取火，以化腥臊"，此后"燧人氏"就成了人工取火的发明家。

"瓦解"了才能入窑烧制

如果请你用"瓦解"这个词造句，你会怎么造呢？下面是用"瓦解"造的几个例句：我国春秋时期，奴隶制度逐步瓦解；人民解放军强渡长江，敌人的长江防线立刻就土崩瓦解了；中国的日益强大和出色的外交，使一些反华势力纷纷瓦解。

那么，一个事物、一种力量的崩溃、分裂、消亡，为什么要用"瓦解"来形容呢？有的同学可能会认为，瓦片都是用土烧制的，很容易被击碎、摔碎，所以就用它来形容了。这种认识说的是"碎"而不是"解"，因此是不准确的。要弄清"瓦解"的真正含义，我们要从古代制瓦的工艺流程讲起。

瓦是泥巴大圆圈变的

大家是否到陶吧体验过用陶车拉坯、制作陶器的过程呢？古代制瓦，也要先在陶车上拉坯，不同的是，那时的工匠每次拉坯做的不是一块瓦，而是一个泥巴大圆圈。等这个泥巴大圆圈阴干到一定程度时，人们会将其均匀地切分成三块或四块（也可以叫三等分、四等分），每一块都是弧形的瓦坯。等它们干燥后入窑烧制，一块块的瓦就制成了。将泥巴大圆圈等分切成瓦坯的过程就是"瓦解"。一个泥巴大圆圈，通过等分，在人们的视线中迅速变成了另外的模样，于是人们用"瓦解"来形容一些东西分裂、消失，是不是非常生动、恰当呢？

早在4000多年前，我们的祖先就会烧制瓦了。在21世纪初，考古工作者在山西临汾陶寺发现了一座距今4300～4000年的古城遗址，这座古城有280万平方米，其中有高等级的建筑

陶寺遗址出土的板瓦残片

区，这里出土了板瓦（一种覆盖屋顶的瓦）残片。在此以前，我们看到的最早的瓦是商代的，陶寺遗址出土的瓦将我国用瓦的历史提前了1000年！

在现实生活中，我们见过老房子上的瓦，见过旅游景点建筑上的瓦，还在博物馆中看到过瓦……要知道，在建筑上使用瓦，可是建筑史上非常重要的一大进步呢。那么，建筑上的瓦除了防雨水，还有什么功能呢？

既实用又美观的瓦当

让我们先来认识一种叫"瓦当"的瓦。

中国一些传统房顶的前后两面都是斜坡，这样便于雨水快速流走。人们在盖房顶的时候，先在横梁上固定一排一排的椽（chuán）子，也就是和成人的胳膊差不多粗的圆木棍，然后在椽子上再铺席、盖泥，最后是覆盖房瓦。这样的房顶既保温又防水。不过，有一点不好的是，椽头是露在外面的，在风吹、日晒、雨打的情况下，容易朽坏。这时瓦当就派上用场了，它们正好能覆盖住椽头，对椽头起到很好的保护作用。

古代的瓦当有圆形的，也有半圆形的。最初，瓦当只要能覆盖住椽头就行了，然而古人既浪漫，又富于想象，他们还在瓦当上刻制图案或文字，这些图案和文字不但种类繁多，还具有一定的观赏性。

例如，他们会在瓦当上刻制"安乐富贵""万年大吉""益寿有福""大汉万世""单于和亲""上林文官""长乐未央"等，这些文字有的是人们喜闻乐见的吉祥语，有的则记录了一些重大事件。瓦当上的图案就更丰富了，有双鱼、奔鹿、青龙、白虎、朱雀、玄武、螺旋纹、水藻纹、万字纹等，种类比文字还多，且都是那么喜庆祥和，让人百看不厌。

"汉并天下"瓦当

双龙纹瓦当

原本只是为了保护椽头的瓦当，不仅有了装饰性，给人以美的享受，还有了丰富的文化内涵，成为我们研究古代手工业、工艺美术和社会风俗、风尚的重要实物资料。

大有讲究的琉璃瓦

除了常见的深灰色陶瓦外，我国还有一种十分漂亮的琉璃瓦。著名建筑大师林徽因曾赞叹："本来轮廓极优美的屋宇，再加上琉璃色彩的宏丽，那建筑的冠冕便几无瑕疵可指。"而据建筑大师梁思成考证，在北魏时期，也就是距今1500多年的时候，古人在一些建筑的屋顶上就使用了琉璃瓦。还要强调一点的是，琉璃瓦是中国独有的。

琉璃瓦的烧制工艺和唐三彩（盛行于唐代的一种彩色陶器，釉彩以黄、绿、白三色为主，故名"唐三彩"）挺像的，也是先在1000～1100℃的温度下，烧制成白色的瓦坯，然后上彩色的釉，再入窑进行彩烧。琉璃瓦的颜色也大有讲究，不同的颜色有不同的寓意，比如黄色就不能随便使用。那么，不同颜色的琉璃瓦到底应该怎么用呢？让我们先从天坛的祈年殿说起吧。

不同颜色的琉璃瓦

天坛的祈年殿是一座有三层屋顶的建筑，现在我们看到的三层屋顶的琉璃瓦都是蓝色的。不过最初可不是这样的，明代嘉靖年间，祈年殿刚建成的时候（当时叫大享殿），三层屋顶的琉璃瓦从上到下分别是蓝、黄、绿三种颜色，分别代表蓝天、皇帝和万物。到了清代乾隆皇帝时，三层都改成了蓝色的琉璃瓦，这里也更名为祈年殿（"年"的本义是五谷成熟，祈年就是祈求五谷丰登的意思）。

皇帝的专用色

黄色是等级最高的颜色，黄色琉璃瓦也只有皇家的建筑才能使用。如果你去故宫参观，就会发现那里的宫殿殿顶用的都是黄色琉璃瓦。当然，如果你细心寻找，也会看到覆盖绿色和黑色琉璃瓦的房子，这又是怎么一回事呢？原来覆盖黑色琉璃瓦的地方是文华殿后的藏书楼，叫文渊阁，里面存放着乾隆时期编写的大型丛书"四库全书"（该丛书有36 000多册）。书怕火，在古代黑色是象征水的，古人认为水能克火，所以他们在文渊阁的屋顶上覆盖了黑色的琉璃瓦。

覆盖绿色琉璃瓦的是南三所，俗称阿哥所，是当时皇子们居住的地方（皇子受封亲王后，则迁出此地，到皇帝赐予的王府居住）。绿色象征着青春、成长，这不正和皇子们相匹配吗？

要说黄色是皇家的专用色，有时也会有例外。在天坛有一个叫斋宫的地方，是皇帝到天坛祭天、祈福时斋戒的地方，俗称小紫禁城。按说皇帝住的房子的房顶应该用黄色琉璃瓦，可斋宫房顶覆盖的却是绿色琉璃瓦，这是什么原因呢？原来，皇帝到了天坛，他的身份就变了，在这里他就不是在紫禁城里说一不二的老大了,而是"天子",也就是上天的儿子,必须要对上天恭恭敬敬,要格外谦恭,于是,他赶忙"降级",把房顶改成了绿色琉璃瓦。看,小小的琉璃瓦居然能展现这么强烈的等级差别,就连唯我独尊的皇帝也得遵守。另外,再告诉你一点,由于等级的关系,除了庙宇、佛塔,百姓的建筑物是不能使用琉璃瓦的。

斋宫房顶的绿色琉璃瓦

金瓦是金子做的吗

还有一种比较奇特少见的瓦,叫"金瓦"。金瓦并不是用黄金铸造的,而是用铜铸造的,或者在铜瓦上鎏金。但无论哪种,在阳光照耀下都是金光灿灿的,显得格外神圣。

山西的五台山上就有一座唐代建的佛寺,因为覆盖了鎏金

承德避暑山庄房顶的金瓦

铜瓦，于是得名"金阁寺"。明代时，五台山上还建有广宗寺，广宗寺的中心建筑大佛殿覆盖的也是铜瓦，因此那里俗称"铜瓦殿"。清代乾隆年间，承德避暑山庄中也有覆盖鎏金铜瓦的建筑。另外，北京故宫的雨花阁上覆盖的也是金瓦。有机会的话，请大家一定要去这些地方参观，看看金瓦，感受一下它们在阳光下金光闪闪的魅力。

　　对于一座建筑而言，瓦只不过是其中的一种小构件。瓦最初的作用是防雨，然而，古人出于"物尽其用"和"尽善尽美"的美好愿望，不断想新点子，为瓦开发新功能，使平平无奇的瓦具有了特别的意义，有些瓦还成了博物馆中珍藏的文物。看来，认真对待所学知识和所遇事物，一件不起眼的事物也有绽放精彩的可能性。

"陶"器是中国人的发明

陶瓷

日常生活中，人们往往将"陶瓷"作为一个词使用，事实上，"陶"和"瓷"是两种不同的物质，它们在原材料、物理性能和烧制温度等方面都有很大的区别。不过，无论是陶还是瓷，我国都有许多享誉世界的艺术杰作，它们是中华文明史非常辉煌灿烂的组成部分。这里分作两篇，分别讲讲陶和瓷的艺术。下面先来介绍陶。

了不起的发明

你知道吗？地球上有大量的黏土，当用水把黏土调和成泥后，人们就可以将它做成各种形状，如揉成泥球、搓成泥条、拍成泥饼，或者捏成小碗、小鸟什么的，这是利用了黏土的可塑性。当人们把泥条、泥饼、泥碗等放到火里烧一段时间后，发现它们都变坚硬了，这是黏土在高温中具有烧结性的缘故。远古时，人类便在生活中发现了黏土的这两种性质，他们以黏土为主要材料，有意识地制作了罐、盆等器皿，经过火烧后就成了陶器。陶是人类的第一个发明，非常了不起。

我们的祖先是在什么时候开始制作陶器的呢？考古工作者在江西发现了距今约20 000年的陶器残片，这证明中国的陶器至少有20 000年的历史了。

对了，前面《"瓦解"了才能入窑烧制》中讲的瓦也是陶器。而我们在当下的日常生活中很少使用陶器了。陶质的花盆、泡茶的陶壶或客厅、书房里的陶质摆件，是我们能够接触到的常见陶器。

而古代陶器的种类、数量那就太多了，按照用途，可以分为蒸饭、煮饭的炊具，装粮食、放物品的盛贮器，吃饭、喝水的食器、水器，饮酒、温酒的酒器，到河里、井里汲水的汲器等，这些被统称为生活器具。此外还有画像砖、输水管、琉璃瓦等建筑材料，小陶屋、兵马俑、陶猪、陶狗等丧葬用品。

古代的陶器不仅具有实用性，还有很强的艺术性呢，一些陶器上的花纹和绘画以及那些生动的陶俑、陶兽都堪称精美的艺术品，它们不仅可以让我们得到美的享受，还能告诉我们许多好玩的故事。

"萌萌的"陶鼎

鹰形陶鼎诞生于距今约 6000 年的远古时期，它既是一件实用的容器，又是一件极为精致的艺术品。咱们先欣赏一下它的头部，那凸起的双眼和弯钩状的尖嘴，非常传神地表现了鹰的威猛之态。不过，它的样子一点也不可怕，反倒有点"萌萌的"。再看它的双腿，多么强壮敦实呀，工匠还巧妙地将它的尾部垂落于地，和两足构成了稳固的三点式支撑，整件器物就能非常安稳地站立了。

6000 年前的古人肯定不懂得三点支撑的好处，然而他们在实践中却摸索运用了这方面的知识，真是聪明！不过，你发

鹰形陶鼎　新石器时代　中国国家博物馆藏

现了吗？这只鹰的身躯比实际的鹰要肥胖许多，这是为什么呢？这属于艺术的夸张手法，因为这样才能多放水或者食物呀。鼎是我国古代煮食物的炊器，这种肥硕的体形可以加大器物和火的接触面积，更容易将鼎内的食物煮熟。

这件鹰形陶鼎因为高超的艺术性而获得了我国"申奥大使"的特殊身份。你一定好奇，古代的陶器怎么能成为大使呢？原来在1992年，时任国际奥委会主席的萨马兰奇先生专程来中国，讨论中国申办奥运会的事情，并商议和挑选了8件有代表性的中国文物到瑞士奥林匹克博物馆展出，这件鹰形陶鼎就是其中之一，它一亮相，就受到了世界各国人民的喜爱。

世界第八大奇迹

再来说说举世闻名的秦始皇陵兵马俑吧，它被联合国教科文组织列入《世界遗产名录》，被誉为"世界第八大奇迹"。我们现在看到的兵马俑，只是其中的一小部分，更多的兵马俑还被埋藏在地下。据专家研究，如果把所有的兵马俑都挖掘出来，总数可能会超过8000。一个陶俑重100～300千克，要制作8000多个陶俑，需要的泥土都可以堆成一座小山了。仅仅是把这些泥土调和、炼制成能雕塑的泥巴，得需要多少人工？再把这么多的泥巴塑造成一个个陶俑，该是多么巨大的工程啊！

这些陶俑制造技艺高超，造型十分生动。那它们是怎么被制作出来的呢？工匠们首先会分别制作陶俑的头、手和躯干等部件，然后再将它们组装到一起。其中最难制作的是俑头。制作俑头时，工匠们先用模子做一个粗胎，然后塑造出人的后脑勺，再粘贴上耳朵、头发、帽子、胡须，接着就是细细地刻画眉毛、眼睛、鼻子、嘴巴。在制作过程中还要塑造出不同的脸庞和不同的神态。这些陶俑从身份

秦始皇陵兵马俑

上讲有将军、武士，从年龄上讲有老年、壮年、青年，从神态上看有的诚实质朴，有的聪明伶俐，可以说是千人千面，几乎无一雷同。

　　每个陶俑身上铠甲的制作也是一丝不苟，铠甲上的甲钉疏密有致，丝毫不差，甚至能让人感受到衣袂的飘动。我在仔细端详它们的时候，还特别注意到了它们的头发，不仅一丝一缕清晰可辨，而且发型还多种多样，因人而异，有螺旋纹式、波浪式等，实在是太逼真了。

　　这些陶俑被塑造好以后，还要慢慢晾干，然后再用火烧。

工匠们将它们放在一个叫陶窑的大房子里，窑里的温度要在1000℃左右，火候不到就烧不"熟"，会产生胎体疏松、色泽不一等情况。因为它们的体腔都是空的，最薄的地方只有一厘米左右，温度过高就会出现裂纹或变形，甚至会爆裂。当时没有温度计，控制火候，那可全凭工匠的经验了，你说容易吗？

最初，这些陶俑的脸和手是白中泛红的自然肤色，眼珠、睫毛、眉毛、胡须、头发均为黑色。它们穿的衣服有枣红色、粉红色、紫色、天蓝色等，真是多彩多姿，美轮美奂。这些色彩全都是当时民间服装的流行色呢。

那为什么我们今天看到的陶俑都是灰扑扑的，没有丰富的颜色了呢？有人可能会说，因为时间太长了，所以颜色脱落了。那6000年前的陶盆花纹的颜色怎么还没脱落呢？真的是这样吗？

漂亮的彩陶

由于各地黏土的化学成分不完全一样，烧制时的火候也不同，所以各地烧出来的陶器在颜色上也有差异。根据颜色的不同，我们把陶器分为红陶、灰陶、黑陶和白陶。鹰形陶鼎就是黑陶。除了这些自然形成的色彩，人们有时还会对陶器表面进行装饰，于是又有了彩陶、彩绘陶和釉陶等。下页这件6000多年前的船形彩陶壶就属于彩陶。

这件陶壶被塑造成形后，先不入窑烧制，工匠们用赤铁矿研磨出的红色颜料在壶身上绘制网纹，再用光滑的小鹅卵石或小竹片在绘有图案的部位压磨，使颜料的颗粒嵌入陶坯（陶器入窑烧制前称陶坯，烧制后才叫陶器）内，然后再把它放入窑内烧制。这些颜料就在高温的作用下与坯体烧结在了一起。所以几千年过去，上面的颜色丝毫没有脱落。

兵马俑的烧制和这件陶壶不太一样，它们烧成后，工匠会先在俑的表面涂一层生漆，然后借助生漆的黏合力把颜料刷上去，这些颜料并没有进入到兵马俑体内，而是浮在体表的。兵马俑在地下埋藏了2000多年，再加上各种因素的侵蚀，因此颜色大多都脱落了。为了和彩陶区分，兵马俑这样的陶器就叫彩绘陶。

船形彩陶壶　新石器时代　中国国家博物馆藏

著名的唐三彩

那釉陶又是怎么一回事呢？顾名思义，釉陶就是在陶器的表面有一层像玻璃一样的釉，在介绍"瓦解"一词时讲到的琉璃瓦就属于釉陶。釉陶里最著名的就是唐三彩了，下面就以这件驮载着物品的骆驼俑为例，说说它是怎么烧成的吧。

工匠们首先会塑造骆驼俑的坯，经过1050℃左右的窑火烧成白色素胎，然后在素胎表面涂上含有铜、铁、锰、铅等金属物质的釉料，再入窑进行第二次烧制。在烈焰中，釉料熔化，各种色彩互相渗透融合，形成了斑驳陆离的色泽，其中黄、绿、白是比较常见的色彩，此外还有蓝、褐、红、黑等色。所以唐三彩的"三"字是表示"多"的意思，而并非只有三种颜色。

说到这里，有两点请大家特别注意：一点是许多人认为唐三彩是瓷器，或者说它是陶瓷，这是错误的，唐三彩其实是釉

载物骆驼俑　唐
陕西历史博物馆藏

陶；另一点是唐三彩的用途，唐代人将制成的人俑和动物俑唐三彩作为随葬品使用，仅有少量作为日用品和建筑材料。

如果你在一些电视剧或图画中看到皇帝的书桌上摆放着唐三彩马，那肯定是错误的，随葬品怎么可能出现在皇帝的书桌上呢？现在有些人在家里摆放唐三彩，是因为人们改变了观念，把唐三彩当成了艺术品。

古人有"事死如事生"的观念，也就是他们认为自己死后还应该享受生前的生活，于是，有人把生前用过的物品放入自己的墓中，有人制作模型放入墓中。你在博物馆中看到的那些陶俑、陶屋，还有刚刚说到的唐三彩，都属于后一类。

当然啦，这些东西虽然是模型，但都是按照当时生活中的情景、物品制作的。一些陶质明（冥）器（当然还有其他材质的明器），就成了我们认识古代社会的一种形象资料，具有非常重要的历史价值。在有文字记载的时代，这些明（冥）器可以和文字互相印证，若没有文字记载，它们就填补了历史的空白。

珍贵的陶器实物资料

当然，有重要历史价值的并不仅仅是陶质明（冥）器。还以前面提到的船形彩陶壶为例，我们都知道，6000多年前的渔网早就烂掉不存在了，但考古发掘发现了距今6000年左右的渔网用的石网坠，船形彩陶壶上画的渔网也有网坠，把这两者结合起来，我们就可以说6000多年前，人们就用渔网捕鱼了。

又如，浙江萧山跨湖桥遗址出土了一件像陶盆一样的器物，它的底部有许多黄豆大小的圆孔，这些圆孔规整、均匀，原来是一件陶质蒸屉，人们给它起名叫"甑"，使用时和它配套的还有陶釜（也就是锅）和支架。这件陶甑的出土，让我们认识到，在7000多年前，我们的祖先已经懂得利用蒸汽把食物蒸熟。这是中华民族对全人类的又一个贡献。我给同学们讲过"中国人蒸熟了世界上第一碗米饭"的故事，因为水稻也是中国最早培育的。

咱们再看看这件东汉时期的绿釉陶水亭，这是仿照墓主人生前建在水中的一处娱乐场所而烧制的。最下面的圆形部分象征一

跨湖桥遗址出土的甑

绿釉陶水亭　东汉
中国国家博物馆藏

片宽阔的池塘，池塘边的鸭、鹅好像刚刚从水中上岸，正在抖掉身上的水珠。一座漂亮的凉亭从水中拔地而起，它分为两层，第二层还修建了围栏，是人们的主要娱乐场地。亭子中间有三位演员：一人扬袖起舞、一人引吭高歌、一人弹琴伴奏。主人和亲友们靠着栏杆欣赏演出。除了这几个人，围栏的4个角旁还各站着一个人，手里举着东西向远处张望，你猜猜他们是干什么的？他们手里拿的好像是弓箭，原来他们是在执行警戒、护卫的任务。池塘边那守着马的人和他们身份相同。按说，听歌、看舞应该是很开心、很放松的事情，怎么还要这么多人进行安全保卫呢？而这些人又是什么身份，是主人雇用的"保安"吗？其实，这件文物形象地反映了东汉时的一种社会状况：一些有钱有势的豪门大族，为了保护自己的财富，都组建有相当规模的私人武装，形成了地方上的分裂割据势力。

　　文物展现的这种情景和历史的记载是相当吻合的。咱们再从建筑的角度来欣赏这座水亭。早在2500多年前，我国南方水乡地区便开始在水中建造亭阁，营造清风习习、水光月色的美好景致。这种建筑一般都是木结构，其中有一种堪称世界独有的构件——斗拱，你仔细看看水亭围栏下边那些像"山"字形的部件，那就是斗拱。它们是用一些短木块巧妙插接起来的，主要起承重作用。

　　就拿水亭的围栏部分来说吧，它好比现在楼房的阳台，这部分就是依靠斗拱的支撑而承重的。同样的道理，有了斗拱就可以使屋檐前后伸出，给房屋遮阳挡雨。但令人遗憾的是，汉代的建筑早已荡然无存，这件陶水亭就成为我们了解、研究汉代建筑的珍贵资料了。

看到这里，你对陶器的认识会不会有了一些变化，对它们的实用性、艺术性和历史价值是不是有了更深层的理解呢？今后再到博物馆参观的时候，建议你在那些陶器面前多停留一会，多观察观察，很可能会有新的收获。

中国"瓷"器响当当

陶瓷

中国素有"瓷国"之称,瓷器是我国的一项伟大发明,对人类文明的进步有着重大贡献,在世界上享有很高的声誉。英文中的"中国"和"瓷器"是同一个单词,和中国同名的器物,只此一例。

"瓷"和"陶"有区别

瓷器是在制陶工艺长期发展的基础上诞生的,瓷器和陶器主要有以下 4 个方面的区别。

首先,原料不同。陶器的原料是黏土,而瓷器的原料是瓷土。瓷土的主要成分是三氧化二铝和二氧化硅。瓷土经过高温烧制后,具有透明性或半透明性。

其次,烧成温度不同。瓷器的胎体必须经过 1200 ~ 1300℃

的高温焙烧才能烧制成功，而陶器的烧制温度是 800 ~ 1000℃。

再次，物理性能有差异。陶器的胎体疏松，具有一定的吸水性。如果你找一块破瓦片放到水里，不一会就能看到水中冒气泡，这就是因为瓦片吸水后将其中的空气挤出来了。而瓷器的结构致密，不具有吸水性或吸水性较差，敲击瓷器还能发出清脆的声音。

最后，表面有无釉。陶器表面大多没有釉，即使有釉，也是在陶器烧成后再施上去的低温釉，如唐三彩、琉璃瓦。而瓷器表面有一层玻璃质的釉，是在高温下和胎体一起烧成的。

历史悠久的瓷器

和其他事物一样，瓷器也有一个漫长的发展过程。

在距今约 3500 年的商代早期，我国就烧制出了瓷器，河南郑州、湖北黄陂、江西樟树等地，都在考古发掘中出土了那个时期的瓷器。但由于当时制瓷的技术水平还不高，那时的瓷器上面有不少杂质，釉色也不稳定，和后来的瓷器相比，有明显的原始性，所以称它们为"原始瓷器"。由于其胎体特别是釉色都呈豆青色，也被称为"原始青瓷"。

原始青瓷四系罍　西周
首都博物馆藏

随着原料加工和烧制技术的不断改进,在东汉时期,浙江地区烧制出了器型规整、瓷胎坚硬、釉层均匀、釉色稳定的青瓷器,标志着我国瓷器进入了成熟阶段。

三国两晋南北朝时期,我国制瓷业迅速发展。瓷器的质地更好,数量激增,品种繁多,无论是茶具、餐具、灯具、容器,还是文房用具,人们生活中处处都有瓷器的身影。看这件三国时期吴国的青瓷熊灯,上面有一只抱着头的幼熊,幼熊头顶灯盘,憨态可掬,非常可爱。当时的工匠们还烧制出了白色的瓷器,这是制瓷技术上的又一个重大突破,为后来彩瓷的出现奠定了基础。

白瓷烧制技术的完全成熟是在隋代,而它的迅速发展则在唐代。下页这件隋代的白瓷鸡首壶就是当

青瓷熊灯　三国　中国国家博物馆藏

时的佼佼者。这件鸡首壶的壶体修长，肩部的一侧是鸡首形状的壶嘴，那是一只雄鸡，它昂着头正高声啼叫，眼睛瞪得圆圆的，特别活灵活现。另一侧是龙形的壶柄，龙身直直的，龙口衔着壶的口沿，你猜猜看，它是要饮壶中的水，还是向壶中吐水呢？鸡首和龙柄之间设置了环式双耳，在肩、腹部还有一道道纹饰。这件白瓷壶既有实用价值，又是一件令人赏心悦目的艺术品！

　　宋代时，我国制瓷业发展更加繁荣，到目前为止，我们发现了1000多处宋代的瓷窑窑址，知名的有河南汝窑、钧窑，河北定窑、磁州窑，浙江龙泉窑，江西景德镇窑等。此外，还有官窑（也叫御窑）。据记载，宋徽宗的时候，朝廷又出钱又出人，建设了官窑，专门为宫廷烧制皇室日用器皿和艺术品，这里集中了全国最高超的技艺，再加上雄厚的资金，烧制的瓷器特别精美。

　　元代时，人们最喜欢有蓝色花

白瓷鸡首壶　隋
中国国家博物馆藏

纹和红色花纹的瓷器，它们被称为青花瓷和釉里红，都属于釉下彩。顾名思义，釉下彩指的是瓷器的花纹不是在釉层的表面，而是在釉下。它们的制造方法是，先在瓷胎上描绘花纹，然后施上一层透明釉，再放入窑中一次烧成。那些花纹有了这层釉的保护，它们的颜色长久都不会脱落。

釉下彩在中国陶瓷史上可是个重大发明。釉里红是元朝出现的新品种，而青花瓷则在唐宋时就已经出现了，不过到元代时才得以大量生产，这是为什么呢？原来这跟不同时期人们的审美观念有关，青花瓷的白底蓝花，就好像那蓝天白云，十分符合当时人们的审美情趣，因而成为广泛使用又影响深远的瓷器品种。

萧何月下追韩信

这是一件元代的青花瓷梅瓶，上面画了两个场景：一个是头戴官帽的人，在月色中正挥动马鞭，策马疾驰；另一个是年轻人，手执马缰绳，正在河边徘徊。渡河还是不渡河？他看上去十分犹豫；远处的老艄公，似乎在期待这单生意。这两个场景表现的可是一个重要的历史故事呢，那就是"萧何月下追韩信"的故事。

这个故事发生在公元前 206 年，萧何是汉王刘邦的丞相，韩信是汉营一个管理粮草的小官。萧何结识韩信后，认为他是不可多得的人才，于是一而再、再而三地向刘邦推荐韩信，希望他能得到刘邦的重用，然而刘邦却听不进萧何的话，一直没有重用韩信。韩信面对刘邦的冷落，一气之下离开了刘邦的军营。萧何得知后，赶忙骑马去追了。后来，韩信被追了回来，得到了刘邦的重用。韩信也不负众望，带兵打败了项羽，帮助刘邦建立了西汉。

青花萧何月下追韩信图梅瓶　元
南京市博物总馆藏

这件梅瓶身上除了描绘故事场景，还点缀着松树、竹叶、梅花、芭蕉、山石等纹饰，梅瓶肩部还绘有缠枝莲花纹。整体看来，这件梅瓶无论是造型、釉色，还是纹饰、烧制工艺，都达到了炉火纯青的地步，体现了工匠们精妙绝伦的技术。

青花瓷一问世，就受到了世界各国人民的青睐。据统计，现在全世界已发现的元代青花瓷器有400多件，我国藏有200多件，其余的被土耳其、伊朗、日本、英国、美国等国家的博物馆收藏。

明清时期的青花瓷，同样走向了世界，郑和七下西洋携带的物品中，就有大量的青花瓷。可以说，青花瓷在世界各地深远、广泛、持久的影响，是其他瓷器无法比拟的。

瓷都在哪里

从明代起，景德镇成为中国瓷器生产的中心，有了"瓷都"之称。景德镇为什么会被称为"瓷都"呢？首先和它的自然条件有关。

景德镇附近的高岭村有大量的优质瓷土，质地细腻，耐高温，煅烧后颜色洁白，是烧制瓷器的理想原料，因为产自高岭村而被称为"高岭土"。现在，人们将各地制瓷的瓷土都称为高岭土，这甚至成了国际通用的名称。

其次，古代瓷窑要燃烧大量的木材，景德镇周围多山，林木茂盛，可以为制瓷提供充足的燃料。

再次，这里有便利的水资源。景德镇位于昌江南岸，古代水路运输可比陆路运输更加快捷、经济，装载瓷器的货船从昌江进入鄱阳湖，再运往其他地方。

最后，这里还可以引江水冲击水碓（duì，利用水力帮助粮食去壳的器械，也可以用来粉碎其他物品），粉碎和淘洗瓷土。有这么好的条件，景德镇吸引了全国各地的能工巧匠来此发展，制瓷技艺不断进步，也是自然而然的事情啦！

景德镇原来并不叫景德镇，而叫昌南镇，北宋初期，这里的工匠们不断创新，烧制出了一种既不是纯青色，也不是纯白色的"青白瓷"，色泽特别淡雅，一下子大受追捧，小镇也名声大振，北宋政府马上将昌南镇改名为景德镇。"景德"可是皇帝的年号，一个制瓷小镇和皇帝的年号同名，这绝对是一种殊荣。

到了元代，景德镇又烧制出了青花瓷和釉里红。明代的皇帝特别看重景德镇，从朱元璋开始就在景德镇设立御窑厂，专门为皇室烧制御用瓷器，并投入大量资金，进一步吸引了各地优秀的工匠。清代延续了明代的御窑厂。因为有了皇家的介入，景德镇的制瓷业如虎添翼，不断烧制出优质的瓷器。

景德镇的宝贝

景德镇既然有明清时期的御窑，下面就介绍两件御窑烧制的瓷器吧。一件是一只重量不过 60 克，体积还没有你的拳头大的小酒杯，它在 2014 年香港的一次拍卖会上，被拍出了 2.8 亿港币（约合人民币 2.57 亿元）的天价。这只酒杯出自 500 多年前的明成化年间，它有什么特别之处呢？咱们仔细欣赏一番吧。

首先说一下它的名字，虽说是酒杯，可它的壁很矮，上口微微向外敞，口以下逐渐内收，形状有些像缸，上面的花纹又是鸡，所以就被称为"鸡缸杯"。杯上描绘了雄鸡、雌鸡和三只雏鸡一家非常温馨的生活情景：雌鸡正在低头觅食，三只小

鸡围绕在它旁边,张口展翅,似乎在等待着美食,雄鸡走在前面,正引颈高歌。在酒杯的另一面还有一个情景:转过玲珑的太湖石和清幽的兰花、娇艳的月季,上一个情景继续啦,雌鸡觅得的原来是一只不甘送命的大蜈蚣,它正在极力反抗,引得雌鸡振翅用力啄,两只雏鸡赶忙去向雄鸡报信,引得雄鸡回首张望,关爱之情跃然杯上,另一只雏鸡很勇敢,使劲蹬着小腿,张着翅膀,一副跃跃欲试要去帮助妈妈的劲头,看上去十分可爱。

画家通过鸡一家的状态,表现了生活中的美好。画家的艺术手法也非常值得称赞,两组画面仿佛是连环画,那些奇石、花卉,既是整个画面的组成部分,又成为两幅画之间的隔断,构思极其巧妙。

如果能有机会用手摸摸鸡缸杯上的花纹,你会摸到鸡的身

鸡缸杯

体，雄鸡的鸡冠，月季的红花、绿叶，总之，蓝色以外的部分，你摸上去都能感觉到，然而鸡嘴、鸡爪、太湖石等蓝色部分，你用手摸就感觉不到了，这是为什么呢？

这是一种被称为"斗彩"的制瓷工艺。斗彩也叫"逗彩"，指的是釉下釉上均有色彩，釉下的色彩同釉上的色彩交相辉映，争奇斗艳，所以就叫"斗彩"了。

接下来咱们再看下页这件名叫"霁（jì）青釉金彩海晏河清尊"的瓷器。"尊"是形体较大的瓷器，不仅端庄大气，还有尊贵、尊重的含义。这件尊的双耳是一对白色的展翅剪尾燕子，"燕"与"晏"谐音，"晏"的意思是平静，"海晏"就是沧海波平的意思。

再看釉色、花纹，它表面施有宝石般的蓝色彩釉，蓝色象征清澈的河水，也就是"河清"，"海晏河清"寓意着天下太平，国泰民安，这是人人期盼的好时光。

瓷尊的底部有粉彩莲花瓣，每片莲瓣的色彩都有浓有淡，充满自然生机。你发现了吗？在莲瓣之间还有莲蓬呢，上面的莲子个个饱满，似有突出画面的感觉。这一周莲瓣纹的设计是非常出彩的，一方面在颜色上它很亮丽明快，显得瓷尊非常华贵，另一方面莲花出污泥而不染，用来比喻人品德高尚。

在尊的颈、肩、腹这几个部位，还有用金线描绘的缠枝莲花纹，这种纹饰连绵不断，有"生生不息"的美好寓意。总之，这件瓷尊无论是胎料、釉色，还是造型、色彩，都达到了

293

霁青釉金彩海晏河清尊　清　中国国家博物馆藏

制瓷工艺的最高水平。

　　这件瓷器属于粉彩，这是康熙时期景德镇制瓷工匠创造的一个新品种。工匠们将一种叫作玻璃白的乳白色粉末加入彩料中，可以将任何一种彩料调和成一系列浓淡不同的色调，如这件瓷尊莲瓣的粉红色，就由深到浅呈现了桃红、水红、粉红和浅粉等色调，使画面更有真实感。

中国瓷器太"牛"了

　　早在2000多年前的汉代，中国瓷器就传到了邻近的一些国家和地区。到了唐代，瓷器成为远销到亚非地区的主要物品。瓷器和丝织品相比又重、又容易破损，所以并不适合在陆地上进行大量和长途运输，因此它的输出主要靠海运，一条"海上陶瓷之路"应运而生，广州、泉州、明州（今宁波市），都曾是运销陶瓷的重要港口。

当时，每一条海船都要装载上万件瓷器，有学者估计，仅从1602年至1682年，中国运到欧洲的瓷器就多达1200万件，请注意，这里讲的只是欧洲，而且仅是明代后期到清代初期的80年间。那自唐代以来的1000多年间，运到世界各地的瓷器，你能想象是什么样的一个数字吗？

中国的瓷器不仅出口数量多，更对世界文明产生了极大的影响。就以餐具为例吧，在我国的瓷器输入之前，有些落后的国家和地区曾用植物的叶子做食器，而欧洲或是用金银餐具，或是用粗笨的陶餐具。金银餐具太昂贵，只有贵族才能使用，而粗笨的陶餐具有吸水性，容易滋生病菌，储存在里面的食物很容易变质。中国的瓷餐具清洁卫生，成为许多国家餐具的首选。中国的瓷器事关饮食和健康，你说它的功劳大不大？

中国瓷器的艺术性也不可忽视，大多数瓷器都具有极高的欣赏价值。有些外国人，特别是欧洲人，非常喜欢用中国瓷器作为室内的陈设品，用来装饰、美化生活环境。在欧洲，拥有一件中国瓷器，一度还成了身份和品位的象征。有的贵族在家中举行宴会，要安排专人看守餐桌上的中国瓷餐具，防止有人顺手牵羊。最奇葩的一件事情发生在1717年，波兰国王奥古斯都二世因为对中国瓷器十分痴迷，竟然用600名骑兵换取了普鲁士国王收藏的151件康熙时期的青花瓷器，而那些骑兵后来成为普鲁士的一支劲旅。

还有一个非常有趣的现象，在清代晚期，亚洲、欧洲市场上出现了许多"山寨"的中国瓷器。20世纪90年代，我在北京参观一个展览，展品就是中国瓷器和各国仿制的中国瓷器，"山寨"瓷器在器型、颜色和花纹上几乎和真的一样。30多年过去了，我还清楚地记着有嫦娥奔月、司马光砸缸等图案的瓷盘、瓷瓶等，当时我置身在那个展厅中，感觉中国瓷器太"牛"了！

玉不"琢"不成器

同学，你平时会认真思考、琢磨（zuó mo）一些事情吗？当你写完一篇作文后，会默读两遍，琢磨一下哪些词句需要润色吗？当你遇到比较难解的题目时，会开动脑筋、积极思考、找出答案吗？今天的琢磨一词有思索、考虑的意思，那你知道这个词的本义是什么吗？

美丽的石头

《诗经·卫风》中写道："有匪君子，如切如磋，如琢如磨。"这里的切、磋、琢、磨，指的是对不同的物质进行加工。加工骨头叫"切"，加工象牙叫"磋"，加工玉器叫"琢"，加工石器叫"磨"。这四种物质质地都很坚硬，加工起来十分费力气，要下些功夫。所以，人们用加工这些物质来形容君子的好文采并不是轻而易举就能得到的，要经过不断地"打磨"才行。随着上面这句诗的"流行","切磋""琢磨"这两个动词也就产生了。

现在,我们知道"琢磨"这个词和玉石有关,那就先来了解一下玉石吧!如果将石头看作一个大家族,那玉则是其中一个成员。这个成员最突出的特点就是美丽、漂亮,东汉一位叫许慎的大学者曾评价玉是"石之美(者)"。

人类自诞生以来就一直在和各种石头打交道:住在山上的石洞中,用石头打猎,用石头制造工具、制造兵器、垒房子、铺道路……渐渐地,我们的祖先发现有的石头特别坚硬,有的石头看上去晶莹剔透,还有的石头有漂亮的颜色,后来他们就给这类石头起了一个名字,称它们为"玉"。

玉为什么会有漂亮的颜色呢?这是因为它们含有微量的金属元素。其基本色调有白、青、绿、墨、黄、褐、灰等色。不同的金属元素会让玉呈现不同的颜色,如氧化亚铁使玉呈现淡

精美的玉石

绿或墨绿色，氧化锰使玉呈现黑色或灰色。而且金属元素含量不同，也会导致玉的颜色不同，含量少，颜色就浅一些，含量多，颜色就深一些。

琢磨成器

因为成分特殊，玉比普通的石头更为坚硬，玉的加工方法和加工用具也就十分特殊。西汉时期的《礼记》中就有"玉不琢，不成器"的记载，这说明只有经过"琢"这道重要的工序，玉石才能成为玉器。那对于这一个步骤，制玉师傅们是如何操作的呢？

首先，制作玉器的师傅要先按照设计图纸对玉石进行切割，并将玉石加工成一定的造型，这一步被称为"磋切成坯"。完成后，这件器物的大致形态就会显现出来，制玉师傅也就获得了一件"坯"。此时，这件"坯"上还没有纹饰。接下来就要进入"琢"的步骤。这是"玉坯"变成"玉器"的关键，也是最考验制玉师傅技术的环节。

下页这张图描绘的就是制玉师傅在琢玉的场景，只见他用双脚踩踏着踏板，带动轮轴快速旋转，轮轴上安装着砣（tuó）具，这些砣具是铁质的，有大有小，形状也不同，制玉师傅根据要雕刻的纹饰的深浅、粗细来选用相应的砣具。

轮轴旋转起来有很大的摩擦力，只见制玉师傅左手拿着玉坯，右手用食指不断地从容器中蘸取用水调和过的金刚砂，将其放置在需要雕刻的玉坯上，金刚砂比玉的硬度大，借助它，制玉师傅就能在玉坯上刻出好看的花纹了。看到这里，你明白"琢"的含义了吧？"琢"就是"反反复复地磨"的意思。不经历成千上万次，甚至几十万次、上百万次的琢磨，质地再好的玉石，也不可能变成精致的玉器。

《玉作图》中的制玉师傅在琢玉

各式各样的琢磨工具

既然琢玉用的砣具是铁质的，那在没有铁的时代，难道古人就不会对玉石进行琢磨了吗？其实，我国琢玉的历史比使用铁器的历史要悠久得多。从考古发现来看，今天的辽宁地区出土了距今约8000年的玉玦等装饰品，以及斧、锛（bēn）、凿等生产工具，这是目前所知最早的有琢磨痕迹的玉器。到距今六七千年的时候，玉器的使用范围扩大了，内蒙古、河北等地都有玉器出土，并且玉器种类也更丰富了，有斧、刀等工具，有璧、环等装饰品，有鱼、蝉、鳖等动物图案的摆件。其中最有名的是有"中华第一龙"美誉的玉龙，这件玉龙高26厘米，身体呈C形，额头至颈后披着长长的鬃毛，颇有动感。

到了距今5000年左右的时候，生活在中华大地上的古人开始大量制作玉器。从考古发现来看，这个时期的玉器数量大增，且这些玉器上大都有漂亮的纹饰，制作极为精美，有些堪称鬼斧神工。浙江良渚遗址出土的玉琮（祭天的礼器）、玉钺（代表权威的礼器）是其中的佼佼者，有许多器物上都琢刻了被称为"神徽"的图像。

良渚文化玉器上的"神徽"图像

我们可以看到，"神徽"图像由上下两部分组成，上半部分像是一个叉着腰、戴着帽子的人，他

玉龙　新石器时代
中国国家博物馆藏

的帽子呈"介"字形，帽子上还刻着单线和双线组合的放射状羽毛，这顶帽子被称为"羽毛冠"。这个人有一张倒梯形的脸，圆眼睛、宽鼻子，露着两排牙的大嘴。他的大臂平举，胳膊肘向内弯，五指张开叉着腰部。下半部分看上去像个怪兽，那两个大圆圈代表眼睛，中间是宽大的鼻子，下面的大嘴巴内是一排向上的獠牙，双腿向内弯曲，双脚为三爪的鸟足。在良渚人的心目中，"神徽"的形象可能代表某种神灵。

在铁器出现前，古人究竟用什么来琢玉呢？这个问题困扰了考古学家和玉器专家很长时间。通过研究古籍文献，结合考古发现，研究者们发现，古人用竹片、石片锯（虽然叫锯，却没有锯齿），或者牛皮条、麻绳、丝绳来切割玉石。当然在这个过程中，还需要借助一个秘密武器——解玉砂。所谓解玉砂，就是质地坚硬的细沙粒。一些专家根据5000多年前良渚人切割玉料的方法，分别将竹片、石片、牛皮条、马尾、竹丝、羊肠线、细麻绳等作为切割工具，再把直径3毫米以下的细河沙调和水，放在切割口上，进行玉料切割实验，结果表明，用牛皮条、细麻绳切割玉料最为顺利，尤其是细麻绳，能非常有效地裹挟住带水的河沙，切割效果最理想。

令人遗憾的是，古人琢磨用的砣具至今还没有发现实物。一些研究者认为，古人应该有一种或几种圆盘形的原始制玉机器，有位专家还提出了拉弓式原始砣具的想法。

在浙江杭州良渚文化遗址的几处制玉作坊中，考古学家们还发现了一批头部尖尖的小块的燧石、石英石，这应该是琢刻阴线（低于器物平面的线条）纹饰的工具。有人也专门做了实验，他将同样尖端锐利的小燧石固定在木杆上，然后在玉石上进行琢刻，确实取得了不错的效果呢！

没有金属砣具，古人就用牛皮条、细麻绳、竹片、石片和尖锐的燧石、石英石等切磋、琢磨玉石，再加上秘密武器解玉砂，智慧的古人便制作出了精美的玉器。

今天，在我们的汉语词汇中，琢磨一词已经从玉器制作的方法引申为思考问题、寻找对策。看似前后并不相关，实际却非常恰当。同学们，希望大家在日常生活中都能养成爱琢磨的好习惯！

"鼓吹"原是多种乐器合奏的音乐

在现代社会，一些过度或恶意的宣传、炒作，往往被称为"鼓吹"，如"那个人鼓吹的奖惩制度，是不得人心的""盲目鼓吹要'自由'的人，是居心叵测的"等。而"鼓吹"原本是指古代一种用鼓、笛、笳（jiā）、角、排箫等乐器合奏的音乐，后来才引申出宣扬、吹嘘等意思。

形象的各式"鼓吹"

这种合奏的音乐，兴起于我国北方的少数民族，在秦末汉初时传入中原地区。它原本是一种民间音乐，在民间广泛流行，由于具有欢快的节奏、热烈的气氛，极具表现力和感染力，很快就被宫廷采纳，应用于军队、仪仗队或宴乐的场合。

鼓吹这种音乐有曲调、有歌词,北宋文学家郭茂倩编撰的《乐府诗集》就收集了一些鼓吹的歌词,其中有一首叫《出塞》的歌词是"候骑出甘泉,奔命入居延。旗作浮云影,阵如明月弦",描绘的是汉武帝派遣军队抗击匈奴的军事斗争。

有意思的是,由于鼓吹乐队的编制和演奏场合的不同,又派生出"横吹""骑吹""铙(náo)歌""箫鼓"等不同的名称。这些名称既形象又明了,你只要结合乐器好好想一想,就会知道它们的具体形式是什么了。

河南邓州出土的南朝时期画像砖上的这支乐队就是"横吹"。你仔细看看他们手中的乐器,那走在队伍最前方的乐师正在吹横笛,后面4位乐师吹奏的乐器依次是排箫、角、角和筚篥(bì lì)。因为横笛是主奏,所以这就是"横吹"了。

邓州出土的南朝时期画像砖

"骑吹"顾名思义,就是乐师骑在马上演奏。他们演奏的乐器是鼓和筘,属于仪仗音乐。古代的帝王在出行时都会有一支庞大的卤簿,骑吹是卤簿的组成部分。

乐师们还会骑在马上演奏排箫、鼓、笳和铙，此时他们演奏的是军乐。铙是铜质打击乐器，形状像钟，钟是悬挂起来、口向下的，而铙的短柄是中空圆管形，在里面插入一段木头，人可以手持或将其固定在底座上，口向上供人们击打。铙的声音清脆、洪亮，但频率单调，在乐队中属于掌控节奏的乐器。这种军中的鼓吹就是"铙歌"。铙歌的一些歌词往往也和战争有关，如汉代乐府诗作《铙歌十八曲》之一《战城南》的歌词是："朝行出攻，暮不夜归（一大早战士们就出去打仗，可是到了晚上他们却未能一同归来）""野死不葬乌可食（战死于野外的战士没能被埋葬，而是被乌鸦啄食）"，反映了战争的残酷。

象纹铜铙　商
中国国家博物馆藏

青铜编铙　商
中国国家博物馆藏

从出土文物看，商代就铸造有青铜铙。

乐师坐在楼车（车分上下两层，所以叫楼车）上，楼上站着2名乐师敲击巨大的建鼓，楼下车厢里的乐师吹奏排箫，因为只有鼓和箫，这种鼓吹就叫"箫鼓"。我们日常看到的鼓，多是只有一个鼓面，被放置在鼓架子上。而箫鼓中的鼓则是鼓身中间被一根木柱垂直贯穿，木柱被固定在底座上，鼓有两个鼓面，两个人可以同时击打，这种鼓叫"建鼓"，也叫"足鼓"，商周时期就有了，汉代时很盛行。

最早的鼓与笛

建鼓只是鼓家族中的一员，并不是我国最早的鼓。那么，我国最原始的鼓是什么时候有的呢？古文献记载神农氏"捋土

彩陶鼓 新石器时代
中国国家博物馆藏

陶寺土鼓 新石器时代
山西博物院藏

鼓以致敬于鬼神"。土鼓就是用陶土烧制的陶鼓,这说明神农氏在祭祀活动中已经开始使用陶鼓了。神农氏是传说中的人物,然而有意思的是,1986年人们在甘肃发现了一面5000多年前的彩陶鼓,和神农氏所处的时代在时间上基本一致。这只彩陶鼓整体长度为36.9厘米,呈漏斗形,是一面蒙皮的腰鼓。它较粗的一端呈喇叭口状,口沿外侧有一圈凸起的乳钉,是用来固定蒙鼓的皮革的。鼓身两头各有一个像桥洞一样的小钮,是供人们穿绳索背在身上用的。

鼓作为打击乐器出现于新石器时代,主要有土鼓和木鼓两大类。山西陶寺遗址出土了距今约4300年的土鼓和木鼓。木鼓是用粗树干挖成的,有一米多高,鼓身呈竖立桶形,外壁绘有彩色的几何形图案,由于年代太久远了,木鼓上蒙的皮子已经腐烂，但在鼓身内有散落的扬子鳄的骨头。由此可知，当年人们是用鳄鱼皮来蒙鼓的。扬子鳄是我国特有的动物，古人将它称作"鼍（tuó）"，这种蒙扬子鳄皮的鼓就叫"鼍鼓"。

鼓吹中另一种重要的乐器是笛子，它既是大家非常熟悉

陶寺鼍鼓被还原后的样子

陶寺鼍鼓

一词一世界

311

贾湖骨笛　新石器时代
河南博物院藏

的乐器，也是目前所知的乐器实物中"年龄"最大的。考古人员在河南舞阳贾湖遗址陆续挖掘出了40多支距今8000多年的骨笛。研究表明，它们都是用鹤的翅骨制成的。

我国音乐界的几位权威专家用最先进的测音仪器对这些骨笛进行了鉴定和测试，结果有了一个特别惊喜的大发现：这些骨笛已经具有了准确而完备的七声音阶结构。这改变了长久以来人们对中国音乐的一个错误认识。以往人们都认为，秦朝以前中国音乐只有1、2、3、5、6音阶，因此许多人唱歌唱不好，往往被称为"五音不全"。更让人惊喜的是，专家用其中一支骨笛吹奏了河北民歌《小白菜》，骨笛能完美呈现七声音阶，优美的音色与动听的乐曲令在场的每一个人都不由得鼓起了掌，这不仅是中国音乐史上的奇迹，也是世界音乐史上的奇迹。

大自然的礼物——笳和角

通过对鼓、笛的了解，你发现了吗，古人很善于就地取材进行发明创造。他们将木段挖空做成了鼓，在动物的骨管上钻孔做成了笛子……按照这种思路，我们会发现笳和角的发明，就更具典型性和原始性了。

最初，人们将芦苇的叶子卷起来，吹出了声音，进而将芦苇制成哨子，装在竹管上吹，就成了笳。笳是长得像笛子的吹奏乐器，它的声音响亮，能营造出威武雄壮的气势，所以汉代军乐中就有它的身影。但由于它的音阶比较单调，大约在南北朝以后就逐渐被淘汰了。笳因为源于西域、塞北一带的少数民族地区而被称为"胡笳"。大家在上音乐课时可能会学到《胡笳十八拍》，它就是用笳演奏的乐曲。

和笳一样源于边塞少数民族

牧区的还有角。牧区有大量牛羊，最初人们将牛角、羊角的尖部割掉做成能吹奏的乐器。后来人们又用竹、木、铜等材料制造角，汉代鼓吹中的角通常比天然的牛角、羊角大很多，应该就是加工制成的角。

牛角、芦苇、兽骨、木头等这些看似很普通的物品，在人们手中都变成了乐器，成了音乐艺术的组成部分，这是不是让我们进一步懂得了艺术是来源于生活的呢？

随着历史的发展，人们对音乐的要求也不断变化，鼓吹作为一种合奏的音乐，在乐器的组合上也随之改变。座鼓、长鼓、唢呐、笙、锣、钹等乐器相继出现在鼓吹中，大大丰富了音乐表现力。可以说，各个朝代都有不同形式的鼓吹，这种来自民间的音乐充满旺盛的活力。

中国的音乐文化内涵非常丰富，鼓吹虽然只是其中极小的一部分，可其内容仍然非常博大。本文篇幅有限，只是对鼓吹做了一个简单的勾画，且仅是对鼓吹初期阶段的几种主要乐器做了简要介绍。学无止境，感兴趣的话，你再去探索一番中国其他传统乐器的文化内涵吧。

被忘却的"参差"

看了标题你可能会有些疑惑，我们经常会在形容长短、高低、大小不一致时说"参差不齐"，"参差"怎么会被忘却了呢？如果我再讲一句诗，你可能就更疑惑了。屈原在《九歌·湘君》中写道："望夫君兮未来，吹参差兮谁思？""参差"怎么还能吹？原来屈原讲的"参差"，是一种能吹奏的乐器。

参差不齐的排箫

唐代正是这种乐器盛行的时期，不过它在唐代时的名称不叫参差，而叫排箫。排箫怎么是参差呢？你看那排箫由多根细管组成，长短不一，实在是参差不齐，所以古人就将它命名为"参差"了。《风俗通义》中记载："其形参差，像凤翼。"这说明排箫不仅是乐管长短不一，形状还如同凤的翅膀一样。

我们国家什么时候有了排箫呢？大家知道，我国古代把许多发明都归于黄帝时期，排箫也不例外。《吕氏春秋》一书中就说，黄帝命令一个叫伶伦的人制成了能发出凤鸣般声音的排箫。当然啦，还有记载说在更早的伏羲时期人们就发明了排箫，而且有16根乐管。这些记载是不是真实可靠的呢？还有待考古发掘去验证。

目前我们国家发现的最早的排箫实物是1997年在河南鹿邑出土的西周时期的骨排箫。它由13根禽类腿骨制成，这些骨管长短不一，最长的一根为32.7厘米，其他根依次缩短，最短的长11.8厘米。它们的粗细也不相同。这些骨管是中空的，在出土时管身有明显的人字形带束痕迹，专家推测这些骨管由一根宽带捆束而成。骨排箫吹口的一端，排成一条整齐的直线，下端则参差不齐，整体就像是凤的一只翅膀。因为每根骨管的

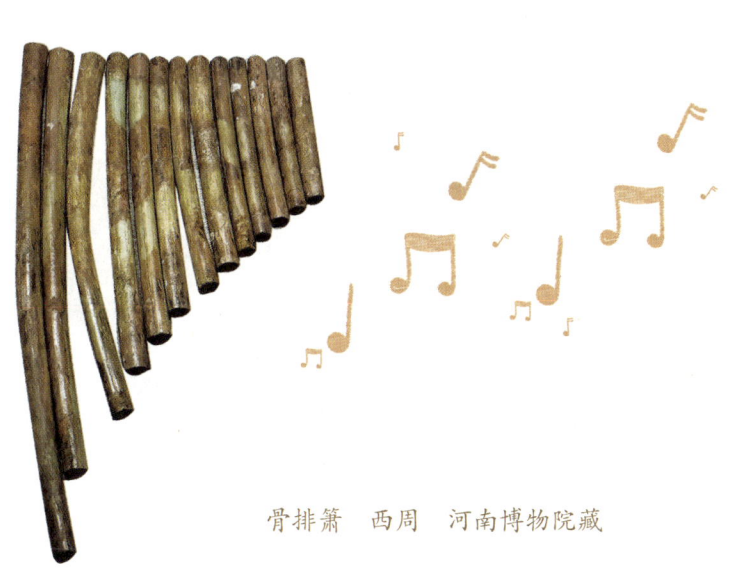

骨排箫　西周　河南博物院藏

吹排箫的女俑

体积都不相同,产生的振波自然也不一样,从而形成了高低不同的声音:长管吹出的是低音,短管发出的是高音。吹奏时,左右手各执一边,长管在左,短管在右,左右平移吹出音阶或旋律。

石头也能凿出排箫

令人称奇的是,古人竟然还能用石材制作排箫呢!1978年,在河南淅川一座春秋中晚期的墓中就出土了一件石

石排箫　春秋　河南博物院藏

排箫，也是 13 管。工匠们将石块钻凿成管状，管壁仅厚 1 毫米，这实在需要鬼斧神工般的技艺，凿劲稍大一点，下手方向稍偏一点，都要前功尽弃。这件石排箫出土后，人们对它进行了测音，除了第 7 管因为管口残破不能发音外，其余 12 管都能发音，而且合乎音律。如果不是有实物摆在面前，真的是不敢想象。

秦以后，排箫吹管的数目在不断变化，通过一些文字和图像记载，我们可以了解到有 16 管、17 管、18 管的排箫，还有 23 管的排箫。但无论管数如何变化，排箫一直保持着像凤的翅膀一样的形状。

要说明的是，我国古代还有一种单管的箫，管身上有多个孔，像笛子似的，吹出的声音悠扬动听。也正是为了和单管箫相区分，才有了"排箫"这个名字。

古代单管箫

用来称重的"权"与"衡"

《论语》里有一句名言"三思而后行",它告诉我们在做决定前一定要考虑多次,谨慎行动。今天,在表示"衡量、考虑"的意思时,我们常常会用到"权衡"一词,如"权衡利弊""权衡得失""权衡轻重"。可是你知道吗,这里的"权"和"衡",最初指的是两种称重的器物。

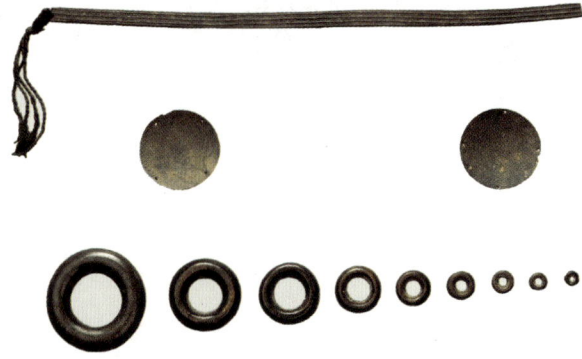

天秤和环权　战国　中国国家博物馆藏

图中的器具中有一个长 27 厘米的木杆,这个木杆就是"衡";木杆两端应各自挂着一个直径 4 厘米的小铜盘。另外还有 9 个大小不等、重量不同的铜环,这些铜环就是"权",或者叫"砝码"。因为它的形状是环形,所以人们也叫它"环权"。

相互配合的"权"和"衡"

"权"和"衡"都是称量物品重量的器具,而且必须配合使用。使用时,先要在衡的正中间位置拴上绳索,将衡提起来,或者用一个物体顶在衡的正中间,将衡架起来。请注意,这时的衡一定要保持平衡。然后在其中一个铜盘上放入物品,在另一个铜盘上放入环权,根据物品的轻重,人们调整环权的数量和大小。当衡又保持平衡时,就说明铜盘上的环权重量和另一个铜盘上物品的重量是相同的。由于每个环权上都标有代表重量的数字和单位,因此只要把盘中环权上的数字加起来,不就是那件物品的重量吗?这种器具实际上应用了物理学中的杠杆原理,我们的祖先够聪明吧!

相传,早在四五千年前的黄帝时期,我们的祖先就在使用这种称量器了,不过那时的实物没有流传下来。目前已发现的最早的衡器实物制作于战国时代,距今 2400 年左右。湖南博物院藏有战国时代重量为 0.69~251.33 克的 10 个铜砝码,是现存战国时代最完整的一套砝码。

形似"秤砣"的铜权

在中国国家博物馆的"古代中国"展厅,有一件重要的文物,外观很像半个小西瓜,顶端有个环形小钮,像是西瓜的瓜蒂。它是用铜铸成的,身上有非常醒目的"八斤"两个大字。我们许多同学看到它时,都管它叫"秤砣",这实在是一个错误。它正确的名字叫"权",由于身上有"八斤"两个字,博物馆专家把它定名为"八斤铜权"。

八斤铜权　秦　中国国家博物馆藏

那么,什么是秤砣呢?如果你去过菜市场,就会发现有的商贩使用的是杆秤,杆秤上那个起平衡作用的物体才叫秤砣,标明重量的数字不在秤砣上,而在秤杆上。在敦煌壁画中,就有一幅1000多年前人们使用杆秤的画面。古人先是发明了天平,过了好长时间才发明了杆秤。

铜权使用的时间长了,可能会有磨损,这就会影响称重的准确性。秦朝有一项特别的规定：每年要对权进行至少一次校准。同时还规定：如果一斤少了3铢，相关负责人就要受处罚。当时一斤等于384铢，少3铢就要处罚，这对消费者的权益实在是一种非常好的保护。

由于权和衡要配合使用，所以人们习惯上把称重量叫作"权衡"；此外，在称量物体时，需要对衡两边的重量进行计算和比对，因此，"权衡"又引申出"衡量、比较、考虑"的含义。

如今，随着电子秤的普及，天平、杆秤等称重工具逐渐退出历史舞台，但与之相关的文物和字词所折射的，正是古代繁荣的交易活动与古人闪耀千年的智慧。

敦煌壁画中使用杆秤的人（摹画）

"度量"如何计量

在生活中，人们往往会称能容忍、宽容他人的人"度量大、有修养"，所以古人讲"量小非君子，无度不丈夫（后被讹传为无毒不丈夫）"。在这里，"度量"指人们能宽容他人的限度。然而，"度量"原本是与人们生活密切相关的两种工具——"度"用来计量物体的长短，"量"用来计量物体的容积，这两种工具有非常久远的历史。

"计数"的由来

在原始社会，我们的祖先在生产劳动中逐渐有了大小、多少等数量观念，从而产生了"数"的概念，自然而然发明出了许多计数的方法。由于商代以前没有文字，因此我们并不知晓远古人类都是怎样计数的，但有趣的是，我国一些少数民族却保留下了他们在没有文字时的计数方法。

中国国家博物馆藏有一截从云南征集到的独龙族用的绳子，20多厘米长的绳子上打了7个结。这是什么意思呢？原来它表示两个人约定7天后再相见，每过一天解开一个结，当所有的结都解开了，就是相见的日子了，这就是史书中所记载的"结绳记事"。

刚开始的时候，各氏族计数的方法可谓五花八门，只有本氏族的成员明白是什么意思。但随着物品交换的出现，各氏族间有了交往，就逐渐产生了统一的计数、计量的方法和工具。

张飞究竟有多高

最具代表性的"度"是尺子。在河南安阳出土的两柄商代的象牙尺是我国目前所知最早的测量长度的实物。这两柄尺子正面刻有10寸，每寸又分别刻有10分，这说明商代的人就已经采用十进制了。

战国以后，各时期的尺子留存就比较多了，已发现的有铜尺、木尺、铁尺、竹尺、骨尺等，材料多种多样。其中很值得我们重视的一个现象是，战国时期尽管是诸侯割据的局面，可各地尺子的量值都在23厘米左右，差异不大。

秦始皇统一中国后统一了度量衡，每尺约合今天的23.1厘米，这个标准一直沿用到东汉末年，通行了400多年。建议你记一下23.1厘米这个数据，因为历史故事中你熟悉的一些人物，如吕布、张飞等，都是身高八尺，如果按今天的 1 尺约为 33.3 厘米来计算，他们的身高为 2.66 米左右，比姚明还要高一大截，但是实际上，这些人物按当时的 23.1 厘米来计算，身高也就是 1.84 米左右。

"各自为政"的"量"

"量"用来计量物体的容积。现在我们一般会用有刻度的量杯测量液体的多少，这些量杯被叫作"量器"。而在 2000 多年前的战国时期，各国量器的样子、计量单位和计量标准都不统一。

目前已被发现的我国最早的量器是战国时代齐国的 3 件量器，用铜铸成，上面的铭文说明了它们的量值与铸造年代，还告诉我们这些量器是在齐国的关卡使用的，规定了守关人员不许舞弊，违者将依法受到制裁等信息。

这3件量器分别是"子禾子"釜、陈纯釜、左关和。战国时期齐国的1釜等于64升，通过用水实测，"子禾子"釜、陈纯釜、左关和分别能容水20 460毫升、20 580毫升、2070毫升。

战国时还有一件非常著名的量器——商鞅方升。它也是用铜铸造而成，三个侧面和底部都刻有铭文，铭文不仅告诉我们这件方升是秦孝公十八年商鞅进行变法时在今天的

"子禾子"釜　战国
中国国家博物馆藏

陈纯釜　战国　上海博物馆藏

左关和　战国　青岛市博物馆藏

陕西蒲城（当时叫重泉）督造的，是一件标准的量器；还让我们知道了商鞅规定十六又五分之一立方寸为一升。可见，在2300多年前，人们就已经掌握用量器来计算容积的科学方法啦！

商鞅方升底部的铭文，是秦始皇统一六国后加刻上去的，内容是秦始皇为统一度量衡而下发的诏书。原来，秦始皇认为统一的度量标准能为人们从事经济文化交流活动提供便利，也有利于消除割据势力的影响，因此下令统一度量衡。而商鞅所定的量值比较恰当，方升铸造得也规范，于是，商鞅所督造的方升就成了统一度量衡后官定的标准升量，推广到全国使用。那么商鞅方升的容积到底是多少呢？经过专业计量机构的测定，商鞅方升的容积约为现在的202.15毫升。

商鞅方升　战国　上海博物馆藏

"运筹"帷幄
离不开的神奇小棍

运筹

当准备办理一件事情的时候,我们往往会说"好好筹划一下";当赞美一位有谋略的人物时,我们又常用"运筹帷幄之中,决胜千里之外"来形容。"运筹""筹划"这两个词中都有一个"筹"字,亲爱的小读者,你知道什么是"筹"吗?

用来运算的小棍

"筹"又叫策、算子、算筹,它是我们祖先的一个重大发明。从春秋时代到明代中晚期,算筹存在了2000多年,在人们的生产生活和科学文化等领域都发挥了很大的作用,就连大名鼎鼎的祖冲之计算圆周率,也是用算筹进行运算的。然而,这么重要的算筹,从外观上看却又简单得不能再简单了——它是由若干根长短、粗细一样的小棍组成的。那么，这种小棍怎么能进行运算呢？

咱们今天在纸上计算，是书写数字；用手机计算，是点击数字。而古人进行计算，则是将算筹摆列成当时的数字进行计算。算筹摆列的形式分为纵式和横式两种，具体摆法如下：

	1	2	3	4	5	6	7	8	9
纵式	｜	‖	‖｜	‖‖	‖‖｜	丅	丅｜	丅‖	丅‖｜
横式	—	＝	≡	≣	≣—	⊥	⊥—	⊥=	⊥≡

古人用纵式表示个位数、百位数、万位数，用横式表示十位数、千位数、十万位数……以此类推。遇到数字"0"，则不摆放算筹，用空白表示。

2023

算筹的计数严格遵循十进制计数法，够十就进一位，这同现在通用的阿拉伯数字相比，虽然数字形式不同，但计数的方法是一样的。算筹还可以表示分数、小数和负数。如果是分数，就摆成上下两排，上排表示分子，下排表示分母。如果是小数，就在小数部分的第一位下面,加个"分"字。负数怎么表示呢?聪明的古人借助颜色解决了这一难题:红色算筹代表正数,黑色算筹代表负数。

你知道哪些材料可以用来制作算筹吗?制作算筹的原料比较广泛,常见的有竹、木、铁、玉、象牙和骨等。最初的时候,算筹可能就是随手可得的小木棍或者小树枝。你知道吗,当年还有专门盛放算筹的算袋和算筒,就像我们今天的铅笔盒一样。湖北荆州曾经出土了一个汉代的算袋,是用丝线织成的,非常精美,被专家们评定为一级文物。看到这里,你不妨用牙签等材料作为算筹,尝试着摆摆数字,做一些简单的四则运算吧!

古人随身携带的"计算器"

由于算筹是计算工具,所以有的人出行时要将它随身携带。非常有意思的是,有些人死后,死者的亲人还要将算筹装入算袋,系在死者的腰部,这真称得上是从生算到死呢!

说到算筹的出土,还颇有些曲折。我国很早就有了关于算筹的文献记载,可由于在宋代,比它更便捷的算盘出现了,所以人们渐渐地就不再用算筹了。随着时光的流逝,几百年过去了,知道算筹的人越来越少,再加上竹木等材质的算筹在地下很容易朽烂,于是,考古过程中即使有人偶然发现了算筹,因为不认识,往往也就当成废物处理掉了。

直到1954年，湖南长沙一座战国时代的陵墓内出土了一个竹筐，筐里除了天平、砝码、竹片、毛笔外，还有40根长短一样的竹算筹。这批竹算筹很幸运，没被处理掉，但考古人员并不知道它们是算筹，还在报告中把它们称作"竹签"。后来，我国著名的数学史专家严敦杰首先确认了它们的算筹身份，让公众知道了它们在数学史上的重大意义。严先生的观点很快得到了史学界的认同，于是，这批"竹签"成了考古中发现最早的算筹实物。自此以后，就不断有算筹出土的消息传出了。

象牙算筹　西汉　陕西历史博物馆藏

这件事告诉我们一个道理：正确地认识一个事物，往往不是一蹴而就的，而是要经历一个过程。你学到了吗？

别看个头小，"管辖"很重要

说到"管辖"这个词，你一定知道它是管理、统辖的意思，可是你有没有想过，这里的"辖"字为什么是"车字旁"，"管"字又有什么玄机呢？

古代的车

要弄明白这些问题，我们就得先了解中国古代车子的构造。据记载，在夏代，一个叫奚仲的人发明了车。考古人员在河南偃师发现了夏代的车辙痕迹，根据这一痕迹，我们可以推测，在距今 4000 年左右的时候，人们就已经学会造车了。由于车最初是用木头做的，木头容易腐烂，很难保存到今天，当前我

们能够看到的最早的车是商代晚期的，距今也已经有3000多年了。

要想车子跑，车轮不能少。古代的车轮通常由车轴相连，车轴靠近轮子的地方有圆筒形的车毂（gǔ），车毂上安着一根一根的辐条，辐条的另一端固定在车轮的外圈上。仔细瞧瞧，这是不是很像自行车的轮子呀！

车毂

由于车子在行进时，车毂要不停地围着车轴转，容易磨损和开裂，所以人们除了选用比较坚硬的木头做车毂外，还要用一种金属套来保护它。这种金属套叫作"辖（guǎn）"，形状好像一个笔筒，不过要在底部开个大圆孔，才能穿过车轴套在车毂上，这就如同给木车毂戴了个铜帽子，起到了减少磨损和加固的作用。

固定车轮的"辖"

讲了半天,你或许要问了,"辖"在哪呢?别急。刚才我们讲到车毂戴上铜帽子后,得到了保护,但还不能确保它不从车轴上滑脱。要知道,车毂一旦从车轴上滑脱了,就意味着轮子掉了,车也就倒了。为防止这种事故发生,聪明的工匠就用铜制作了一个小圆筒,套在轴头上,顶住车毂,这既保护了轴头,又使车毂不能左右滑动,这个小圆筒叫"軎(wèi)"。那軎会不会脱落呢?工匠们也想到了这个问题,所以他们在制作车軎的时候,会在上面留一个上下贯通的孔,在孔中插进一个小零件,而且这个小零件的末端也有一个孔,可以穿皮条将它捆住。这样一来,人们就不用担

辖

335

心车害脱落了，车轮也就能够安全运转了。这个至关重要的小零件就是"辖"。最初，辖是用木头做的，后来改为用铜制作，而且工匠们还会在辖的顶端做一些兽头、人像之类的装饰，既实用又美观。

原来，"辖"就是古代固定车轮的零件！别看它个头不大，但它起的作用可是非常大的，车的安全在很大程度上要靠它来保证。

开关门的"管"

说完了"辖"，我们再来说说"管"。"管"在古代指开门的钥匙。我国古代有这么一个官职，叫作"司门"，类似今天的海关。司门一方面要负责每天开启和关闭国门，一方面要检查过往行人携带的东西，看看别有什么违禁品进入国内。《周礼》中规定司门要"掌授管键，以启闭国门"，这里的"管"就是钥匙的意思。

《左传》里还有一个和"管"有关的故事。当年秦王派大臣杞子带领秦军到郑国去协助防卫，后来，杞子派人报告秦王说："郑人使我掌其北门之管，若潜师以来，国可得也。"就是说杞子掌握着郑国都城北门的钥匙，秦国要是派兵偷袭郑国，他可以作为内应，打开城门。秦王接到杞子的密报，还真的派兵去偷袭郑国了，可是他们最终没有成功。这又是为什么呢？

先卖个关子，有时间我们再好好讲。

　　由于"管"和"辖"都是至关重要的小零件，具有统领全局的重要作用，后来人们渐渐就将这两个字合成为一个词——管辖。

　　你知道吗，在生活中，有很多看上去微不足道的小零件，其实起着至关重要的作用，如钥匙、拉链、纽扣等。聪明的你，还能想到哪些例子呢？我们在学习生活中的一些小缺点、小毛病是不是要加以改正呢？中国有句话："千里之堤，溃于蚁穴。"说的不就是这个道理吗？

"较"原是车的把手

计较

每当乘坐公交车或地铁时,我们都会看到车上有横杆式或吊环式的把手,供站立着的乘客抓握以保证安全。那你知道这种供乘车人抓握的把手竟然古已有之,有的把手还极为精美吗?不过当年它的名字不叫把手,而叫作"较"。由于通过"较"的材质和装饰,人们能辨别乘车人的身份和地位,所以就有了"计较"之说。那么古代的"较"安装在车的什么地方?它又长什么样呢?为了弄清这些问题,咱们还是先了解一下古代的车吧。

安全乘车要有"较"

相传在黄帝时期便有人发明了车,然而因为古代的车是用木材制造的,不能长久保存,所以目前通过考古发掘确定的我

天子驾六　东周　洛阳周王城天子驾六博物馆藏

国最早的车是商代晚期的。西汉以前的车，都是双轮、独辕和长方形车厢（古代将车厢称为"舆"）。因为是独辕，所以必须用双数的马来驾车，多为两匹或四匹。2002年在河南洛阳曾出土一辆六匹马拉的车，是专供周天子乘坐的，这也是到目前为止仅有的一辆"天子驾六"。

西汉以前的车，大体可分为"大车"和"小车"两大类，就像现代的大卡车和小轿车。那时的大车是牛拉的，主要用来运输货物。大，就大在车厢上，大车车厢接近正方形，装载量较大。小车是由马来拉的，车厢长150厘米左右，宽90厘米左右，四周装有栏杆，人们乘车都是从车厢后面上下，所以车厢后面的栏杆有缺口，相当于现在的车门。由于车厢距离地面较高，所以人们需要踩着石块或踏几才能登上车。

汉代以前的小车，大多是作战用的战车，每辆车上有三个人，中间是驾驭车的御手，左边是持弓箭的武士，右边是持长兵器的武士。也有少量的车是贵族出行用的。无论哪种车，人们在车上都是站立的姿态。为了增加车的安全性，车厢左右两侧的栏杆上会各安装一个供人倚扶的横把手，这个横把手就叫作"较"。

目前我们发现的年代最早的较，是西周时期用铜制成的。较的形状基本上是门形，两头下端有榫，以便插入围栏的立柱中。较的高低并不统一，秦始皇陵兵马俑二号坑出土的铜较，其垂直部分就比较高。

可以"比"的"较"

较原本只是用来供人倚扶的，完全出于实用的目的，然而到了秦代以后，随着封建等级的强化，较也被用来显示身份、等级。于是较的颜色、材质就有了讲究，例如文官车上的较是蓝色的，武官车上的较是红色的，帝王所乘的车，较要用黄金来装饰等。

在河北满城的中山靖王墓中，就出土了用错金银装饰的带有漂亮云雷纹的铜较。较有了"比"的意味，"计较""比较"等词语也就出现了。虽然自明代起，车上不再安设较，可"计较""比较"这些词语却传了下来。由于"计较"一词有一定的贬义色彩，所以我希望同学之间不要计较。

错金银铜较　西汉　河北博物院藏

"巾帼"究竟是什么

说起巾帼，同学们应该都不陌生，现代人往往将女子中的杰出人物称为"巾帼英雄"，还用"巾帼不让须眉"来形容女子能挑大梁、担重任，不输于男子。但是你知道吗，"巾帼"原本是一种被称为"假髻"的配饰，是古代女子的专用物品。

千变万化的发髻

"假髻"是一种什么样的装饰物？古代女子为什么需要它来装扮自己呢？想要弄清这些问题，我们先来了解一下什么是发髻。

"身体发肤，受之父母，不敢毁伤，孝之始也。"古人认为，要孝敬父母，首先要爱惜父母给予自己的身体，不可以损伤它，所以头发是不能随便剪掉的，要将长头发扎起来，并在头顶、头侧或脑后盘绕成髻，这就是发髻。这样既保留了长发，又不影响人们的日常生活，而且还具有一定的美感。也正是出于对美的追求，自秦汉以来，女子们在发髻上做足了文章。

发髻的式样千变万化，但总体来讲，可以分为梳在脑后的垂髻和盘在头顶的高髻两大类。

垂髻是将头发拢在脑后，将头发末端绾成一个小结的发式。这种发式使女性看起来温婉柔美，在汉代女子中广泛流行。

高髻则是将头发盘在头顶，使其像山峦一般高高耸起，这能在视觉上增加女子的身高，使人看起来有一种修长之美。这是不是与现代女子穿高跟鞋有异曲同工之妙呢？唐代以后高髻极为流行，贵族妇女（尤其是宫廷后妃）以及一些宫女都偏爱高髻。

垂髻

高髻

假髻

发量不够,假发来凑

梳高髻的前提是要有足够多的头发,头发越长、越浓密,梳出来的高髻效果就越好。有些女子想梳高髻,可头发又短又稀疏,怎么办呢?她们就在自己头发的基础上,添加一部分假发来梳成高髻,以达到美观的效果。这种加入了假发梳成的发髻,被称为"假髻"。

根据历史记载,我国春秋时期就出现了假发。1972年,科研人员在对长沙马王堆汉墓出土的轪(dài)侯夫人"遗体"进行化验时,发现她的头发中竟掺有假发,这是目前发现的古人使用假发的最早物证。

还有一种假髻,是用金银丝编成框架,或者用藤条、木材等制成各种发髻的式样,在外表包裹上丝织品或涂上黑漆,再将珠宝点缀在上面,有的还插上步摇、金簪等首饰。明代将这种假髻叫作"发鼓"。女子会见他人或出门上街时，就将它直接戴在头上，不用时就摘下，很像今天古装剧中演员们戴的"假头套"，当然，发鼓可比假头套高档多啦！那时有人置办不起发鼓又需要戴时，还可以向别人借用呢。

"巾帼之辱"的故事

假髻的式样有很多，名称也有很多，例如有"副""编""蔽髻""义髻"等，其中人们最熟悉的，则是"巾帼"这个名字。

令人意想不到的是，巾帼还曾被诸葛亮用来使激将法。话说诸葛亮率领10万大军和司马懿率领的魏军在渭水两岸对峙，司马懿坚守不出，消耗蜀军的军粮和士气。诸葛亮为了速战速决，就派人给司马懿送去了"巾帼妇人之饰"，借此讽刺司马懿和女人一样，以激怒对方，引他出兵迎战。当然了，司马懿也不傻，宁可受辱，也没有出战。

巾帼，就是女子的假髻，你记住了吗？

"布衣"不仅仅是衣服

提到"布衣"这个词,你是不是认为"布衣"就是布做的衣服?表面上看,"布衣"说的就是一种衣服,是一个服装类名词,可你知道它还是某些人的代名词吗?

平民百姓称"布衣"

在古代,一些平民出身的人就常以布衣自称。秦代著名的宰相李斯在讲自己未曾官运亨通时,说自己"乃上蔡布衣,闾巷之黔首"。上蔡位于河南,是他的出生地,闾巷是一条小街道,黔首是平民百姓的意思,和布衣有相同的含义。李斯这句话的意思是说自己是来自上蔡闾巷的平民百姓。

现在,有些没有职位的人也常引用古代的说法,称自己是

正面

背面

古代的麻布衣服

布衣。这些人为什么要以布衣自称呢？这就涉及古代衣服的质地和等级了。

在距今三四千年的时候，我国纺织用的材料有蚕丝、葛、苎麻和大麻（又称汉麻、火麻）等。每种材料的加工工艺不同，又各有精细和粗糙之分，平民百姓往往以麻制的较粗糙的布为主要衣料。这种衣料容易得到，价格自然也低廉，当然就不够高档。用这种衣料制成的粗糙衣服被称为"布衣"。衣料等级低下和身份低下画了等号，于是"布衣"就成了一些人的代称。当然，这代称很可能带有一种自嘲的成分。

用麻制衣首先有一个给麻脱胶的问题。我曾在北京大兴看到过一个大水坑，坑中浸沤着一捆一捆的大麻茎，每根大麻茎有 2 米左右长，水中不时还会产生一些小气泡，那气味很臭。听化学老师讲了这沤麻的原理，我才知道大麻的韧皮层中有强度很高的生物胶，只有去掉生物胶，才能将大麻纤维分解成麻丝，人们才能得到纺织的原材料。人们将大麻茎收割后，去除掉枝杈和叶子，将大麻茎放在水中浸沤，就可以利用水中的微生物来发酵脱胶了，这个过程会产生刺鼻的气味。我国古代对麻类纤维的处理一直是浸沤脱胶，《诗经》中就有"东门之池，可以沤麻"的诗句。

布料粗细"升"来定

前面讲了麻布有粗有细，那粗细是怎么界定的呢？古人是以一定的布幅（布的宽度）内有多少经纱来分精细或粗糙的。打个比方，你在两张一样宽的作业纸上，一张用粗笔画线，一张用细笔画线，一根挨着一根地画，纸上用细笔画的线一定比用粗笔画的线数量多。同样的道理，在一定宽度内，凡是经纱更多的布，那每根纱线必定是更细的。

怎样才能使纱线又细又匀呢？首先，要将麻料劈分得特别细；其次，不仅要去除其中的杂质，而且还要脱胶好，使纤维更柔韧；最后，在制成纱线的过程中，也要更讲究技术，肯下功夫。反之，如果麻料劈分得不精细，残存了一些胶质，那就制不成又细又匀的纱线，自然也就织不成精细的麻布了。

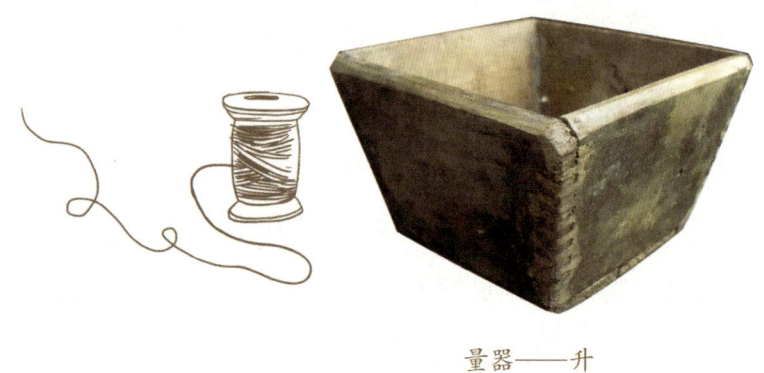

量器——升

请注意,接下来你要了解一个有些特殊的单位——升,古人用升来表示经线的多少。不仅如此,升一般还作为容量单位,用于表示物体的容积。

古人规定布幅内每 80 根经线叫 1 升,升数越多,布就越精细。15 升以上的麻布已经精细得如丝绸一般,于是人们就给它起了一个名字叫"缌(sī)布"。缌布专门用来制作贵族的服装。而 30 升的缌布,是古代技术能生产的最精细的麻布,产量非常少,专供制作帝王和贵族的帽子——麻冕所用。当年的布幅为 2 尺 2 寸,相当于现在的 74 厘米。30 升则是 2400 根经线,大家想一想,在约 74 厘米的宽度内有 2400 根经线,那线得有多细呀!

古代的平民百姓一般只能穿 10~14 升的麻布衣服。至于罪犯或奴隶,穿的则是 7~9 升的粗麻布衣服。当然有时也会有例外,如春秋时期的齐国大夫晏婴,虽高居相位,但厉行节俭,平常就穿10升的麻布衣服,并说布衣"足以掩形御寒,不务其美"。

由于大麻的生长对土壤的要求不高,对气候又有很强的适应性,所以古代我国广大地区,尤其是北方地区,到处都有茂盛的大麻。从宋代起,朝廷大力推广棉花种植,大麻变少了,逐渐退出制衣原料市场。由于它的纤维强度好,人们给它创造了新的用武之地,例如制作绳索,既便宜又结实耐用。所谓"是金子总会发光的",大麻的价值被人们发现后,从古至今都得到了充分利用。

后记

讲物说词话历史

我当年在中国历史博物馆"中国通史"展厅（中国国家博物馆"古代中国"展厅的前身）讲解文物的时候，有时会涉及一些名词，而且名词的来源或者本义是大家耳熟能详的，如贝币引出"宝贝"、青铜器的铸造引出"模范"、度量衡器引出"衡量"或"权衡"，这里既有知识性，又有一定的趣味性，观众很感兴趣。然而，由于受讲解内容的限制，无法对涉及的名词进行展开讲解，所以我只能点到为止。一些观众觉得意犹未尽，往往在讲解结束后，找我就一些词语的生成、使用、变化以及衍生的故事进行探讨。大家探求传统文化知识的热情使我深为感动，于是我渐渐萌生一个想法：何不结合考古发掘、文物知识和历史典故，将这些词语做进一步的挖掘、梳理，既说明一个词是怎么产生的，又自然导出和它紧密相关的文物、历史知识，就像微缩景观小中见大似的，通过一个词，讲出一个饶有趣味的故事。

心动就有了行动，我开始着手选择、积累相关资料，并于2012年进行了尝试。当时人民教育出版社主办的《小学语文国学》（现名《少儿国学》）杂志向我约稿，我便写了"宝贝""锦绣""度量""模范"这4个词。当年虽然只写了4篇，但我基本厘清了思路、结构，同时也得到了相应的肯定，坚定了继续写下去的信心。非常幸运的是，《奇妙博物馆》期刊问世，为拙作提供了一个极好的平台，加之睿智而热诚的高雅等编辑精心设立了《一词一世界》这个栏目，于是，一篇篇讲物说词话历史的小文章也就陆续和广大读者朋友见面了。

常言道："说着容易做着难。"把一个词讲明白，看上去只有几千字，却往往要花费一个星期才能完稿（当然每天并非全力以赴），什么原因呢？

首先是选词的难度。因为是立足于文物讲词语，即讲物说词，讲的都应该是与文物有关的故事，这就有一个选词的问题，从海量的词语中选取合适的词并非易事。另外，为了增加可读性，还要尽量选取那些衍生了新含义，甚至和原义有巨大差异的词，如"城市""矛盾""大驾""计较"等，这就更增加了选词的难度。因此选词就耗费了不少时间。

其次是涉及的知识领域非常广泛，如建筑、冶金、纺织、农耕、酿造、天文、体育、绘画等，是实实在在的知识小百科了。然而，其中有不少知识，自己也是一知半解，缺乏积累的厚度。可是既然要讲，就不能有半点含糊，尤其是给青少年朋友看，更不能有什么差错。不过，我相信"勤能补拙"，一字一句都认真推敲，为了弄清楚一个细节，我常常翻书、查阅考古发掘报告到深夜。向行家求教更是必不可少，写"琢磨"这个词时，我三番五次就琢玉的工具和操作方法，请教当代的制玉大师，甚至到现场考察；写"牺牲"这个词时，我向天坛公园原总工程师讨教祭祀的规章制度……

还有一点更增加了写作的难度。启功先生为北京师范大学题写的校训是"学为人师，行为世范"。"人师"就是要既授业，又传道。本着这种精神，我在写每个词的时候，除了讲述相关的文物知识、人物故事、历史典故，还会注意立德的内容，而且要求行文一定要顺理成章，要很自然恰当地融入这方面的内容，决不可生拉硬扯，人为地拔高、戴帽。比如讲"规矩"，提醒读者在社会上要依照一定的规则行动，守法不逾矩；讲"火候"，从工匠们的技艺，引申出熟能生巧的道理；讲"牺牲"，自然将缅怀革命先烈的丰功伟绩、培养爱国主义精神代入其中。更多的内容则是通过讲述我们祖先的聪明才智，通过中华民族对世界文明的贡献，让读者增强文化自信和民族自豪感。

　　最后，我要由衷地表达感谢之情。感谢高雅等编辑朋友，他们认真地审阅我的每一篇文章，有的内容加了小标题，使全文条理更清晰、更易被读者接受，同时还考虑了词语之间的关联性、整本书的系统性等，相近的词语尽量放在一起，如涉及古代军事方面的"符合""干戈"等，政治方面的"冠冕""牺牲"等，农业生产方面的"耕耘""五谷"等，手工业制造方面的"成绩""镀金"等。感谢为每一篇文章精心绘制插图的画家朋友，他们精准地捕捉到绘图内容，予以生动形象的表现，大大提高了文章的可读性和趣味性。尤其要感谢我一向尊敬的李行健先生，他是语言文字研究的领军人物，他主编的《现代汉语规范词典》在社会上有着广泛而深远的影响。我实在是出于对大家的仰慕，才斗胆请他在百忙之中为这么一本薄薄的小书作序。李先生慨然应允。他在字里行间对拙作给予了高度的肯定，这不仅大大地为本书增色，对我本人更是一种激励和鞭策。未来，我还会继续写下去，将更多词语的故事奉献给读者朋友。

　　拙作定有许多疏漏和不足，望大家批评指正。

齐吉祥
2023 年 12 月

附　录

词语演变小课堂

城市
古义："城"字的本义是城墙，例如万里长城；"市"则是买卖商品的场地，也是最原始的商业活动。
今义：人口集中、工商业发达、居民以非农业人口为主的地区，通常是所在地区的政治、经济、文化中心。

符合
古义："符"指的是兵符或者交通、贸易等方面的凭证，"合"是人的行为。"符"在使用前先要分为两半，这叫"剖符"，待到对证时，再使其相合，也就是名副其实的"符合"。
今义：（数量、形状、情节等）相合。

干戈
古义："干"指盾牌，"戈"在古代被称为"勾兵"，是一种既能钩杀又能啄刺的长柄兵器。
今义：盾牌和戈，泛指武器，多借指战争。

矛盾
古义：指两种兵器，"矛"是刺杀用的兵器，"盾"是防御用的兵器，二者的作用完全相反。

今义：泛指事物互相抵触或排斥；哲学和逻辑学上的名词。

冠冕

古义："冠冕"在古代是皇帝、太子、亲王等戴的礼帽，是身份的标志。

今义：冠冕堂皇，体面。

牺牲

古义："牺牲"是古代举行祭祀大典时献给神灵和祖先的一种祭品。"牺"是做祭品用的毛色统一的牲畜，"牲"是用来供奉的整只牲畜。

今义：为了正义的目的舍弃自己的生命；放弃或损害某些利益。

问鼎

古义："鼎"原本是烹煮肉食的炊具，最早是用陶土烧制的。"问鼎"问的是鼎的大小轻重。

今义：指图谋夺取政权，也指在比赛或竞争中夺取第一名。

金榜

古义：科举考试中级别最高的是殿试，由皇帝亲自主持，考试结束后，要张贴皇榜来揭晓考生的名次，因为皇榜是用黄纸做成的，所以就有了"金榜"之称。

今义：科举时代俗称殿试录取的榜。

禁止

古义："禁"指的是古代用来盛放物品的一种大型青铜礼器，起到戒酒的作用。

今义： 不许可。

门户

古义："门户"原指院落的出入处。院落的出入口就是"门",单扇的门板称为"户"。

今义： 门（总称）；比喻出入必经的要地；指家；派别；门第。

大驾

古义："大驾"在古代礼仪文化中，是皇家出行时一种级别最高、规模最大的仪仗，是尊上的体现。

今义： 敬辞，称对方。

五色

古义："五色"指红、黄、蓝、白、黑五种颜色。

今义： 五彩。

耕耘

古义："耕"指把田里的土翻松，"耘"指在田里除草，它们都是农业生产中的关键环节。

今义： 耕地和除草，泛指农田耕作；比喻辛勤地从事研究、创作等工作。

五谷

古义： 五谷是我国古代对几种主要粮食作物的泛称。

今义： 五种谷物，古书中有不同的说法，通常指稻、黍、稷、麦、豆，泛指粮食作物。

发酵

古义："发酵"指人们利用谷物酿造出醋、酒、酱等的技术。
今义：复杂的有机化合物在微生物的作用下分解成比较简单的物质，发面、酿酒等都是发酵的应用；比喻事态持续发展。

六畜

古义："六畜"指的是猪、牛、羊、马、鸡、狗六种动物。
今义：猪、牛、羊、马、鸡、狗，也泛指各种家畜、家禽。

属相

古义："属相"是生肖的俗称，指代表十二地支而用来记人的出生年的十二种动物，即鼠、牛、虎、兔、龙、蛇、马、羊、猴、鸡、狗、猪。
今义：生肖。

宝贝

古义：古代各地都认同的作为交换标准物的实物货币——海贝。
今义：珍奇的东西或对小孩的爱称。

筵席

古义："筵"和"席"指大小、粗细不同的两种席。"筵"比较粗糙，面积比较大；"席"比较精细，面积比较小。
今义：指宴饮时陈设的座位，借指酒席。

镇压

古义：最初"镇"是用来压席子的，汉代以后随着纸张的出现，"镇"又成了文房用具。
今义：用强力压制，不许进行某种活动（多用于政治）；处决；

359

压紧播种后的垄或植株行间的松土,目的是使种子或植株容易吸收水分和养分。

沐浴

古义: 古人将洗头发称为"沐",将洗身体称为"浴"。
今义: 洗澡;借指受润泽;比喻沉浸在某种环境中。

如意

古义: 古代有一种小物件叫"爪杖",也就是我们俗称的"痒痒挠",由于它可以代替人的手指和手臂搔抓解痒,达到"如人之意"的效果,于是便有了"如意"的称呼。
今义: 符合心意;一种象征吉祥的器物,用玉、竹、骨等制成,头呈灵芝形或云形,柄微曲,供赏玩。

环绕

古义: "环"字,被广泛用于圆形物体,例如门环、耳环、套环等,进而引申为动词"环绕"。
今义: 管围绕。

广告

古义: "广告"一词的本义就是"大喊大叫"。用言语来介绍交换的物品是"口头广告",将商品悬挂、摆放在醒目位置用于宣传推销是"实物广告"。
今义: 向公众介绍商品、服务内容或文娱体育节目的一种宣传方式,一般通过报刊、电视、广播、网络、招贴等形式进行。

丰碑

古义: "丰碑"原指立在墓地中、用来辅助安放棺椁的大木板。

今义：高大的石碑，借指不朽的杰作或伟大的功绩。

规矩

古义："规"和"矩"是我国古代工匠常用的两种工具，规用来画圆，矩用来画方。

今义：一定的标准、法则或习惯；合乎标准或常理，（行为）端正老实，办事要守规矩。

锦绣

古义：用针将几种彩色丝线添加在织好的绢上，构成漂亮的花纹，这种织物叫"绣"；用一种提花机器直接织出花纹，且花纹是凸起的，这种丝织物叫"锦"。

今义：精美鲜艳的丝织品；美丽的或美好的。

针砭

古义："砭"可能是我们祖先最原始的治病手段之一，"针砭"指用石针扎。

今义："针砭"比喻发现或指出错误，以求改正。

博弈

古义："博"和"弈"原本是我国古代两种由智力游戏发展而成的棋类运动。"博"指六博，"弈"指围棋。

今义：比喻为谋取利益而竞争。

模范

古义："模"和"范"是铸造青铜器时必不可少的两种物品。

今义：值得学习的、作为榜样的人；可以作为榜样的，值得学习的。

斧削

古义："削"在古代指书刀。古人把字写在竹条或木片上，一旦写了错字，就要用"削"将错字削掉，如同橡皮一样。后来，人们在请他人审读、指正自己的文章时，便有了恳请"斧削"一词。

今义：斧正，请他人修改文章。

锻炼

古义：古人在炼钢时，把加热锻打一次叫一涑，"涑"字在古书中也常被写作"炼"。东汉时期的刀剑上有"五十涑""百涑清刚（钢）"的字样，曹操的文章中也提到"百涑利器"，后来就有了成语"百炼成钢"。

今义：比喻久经锻炼，变得非常坚强。

饕餮

古义："饕餮"是传说中的一种凶恶贪食的野兽。古代鼎、彝等铜器上面常用它的头部形状做装饰，叫作饕餮纹。

今义：比喻凶恶贪婪的人；比喻贪吃的人；丰盛的，可以充分享用的。

鉴定

古义："鉴"指的是铜器。

今义：鉴别和评定（人的优缺点）；评定人的优缺点的文字；辨别并确定事物的真伪、优劣等。

漆黑

古义："漆"是自然界的产物，是漆树的汁液，刚流出的漆液被称为"生漆"，生漆在暴晒后会变成"熟漆"。在熟漆中加入氢氧化铁，就会制成黑色的漆，故有"漆黑"一说。
今义：颜色非常黑；非常暗，没有光亮。

成绩
古义：古代麻纺织的一道工序。
今义：工作或学习的收获。

镀金
古义："镀金"指的是一种主要对金属器物表面进行装饰的技术。
今义：在器物的表面上镀上一层薄薄的金子；比喻为了取得虚名而到某种环境去深造或锻炼。

火候
古义："火候"的本义是人们观察到的火焰颜色。
今义：烧火的火力大小和时间长短；比喻修养程度的深浅；比喻紧要的时机。

瓦解
古义："瓦解"指的是古代制瓦时，工匠将拉坯做成的泥巴大圆圈等分切成瓦坯的过程。
今义：像瓦器碎裂一样崩溃或分裂；使对方的力量崩溃或分裂。

陶瓷
古义："陶"和"瓷"是两种不同的物质。"陶"是由黏土烧制而成，"瓷"是由瓷土烧制而成。
今义：陶器和瓷器的合称；泛指无机非金属材料经高温烧成的坚硬多晶体，有些种类具有优良的物理、化学性能，在工程、医学和高技术领域应用广泛。

琢磨

古义： "琢"指加工玉器，"磨"指加工石器。
今义： 雕刻和打磨（玉石）；加工使精美（指文章等）；思索，考虑。

鼓吹

古义： "鼓吹"原本是指古代的一种用鼓、笛、笳、角、排箫等乐器合奏的音乐。
今义： 宣传提倡；吹嘘。

参差

古义： "参差"是一种能吹奏的乐器，在唐代盛行，不过它在唐代的名称叫"排箫"。排箫由多根细管组成，长短不一，实在是参差不齐，所以古人就将它命名为"参差"了。
今义： 长短、高低、大小不齐，不一致；大约，几乎；错过，蹉跎。

权衡

古义： "权"和"衡"最初指的是两种称重的器物，需要配合使用。
今义： 表示"衡量、考虑"的意思，如"权衡利弊""权衡得失""权衡轻重"。

度量

古义： "度量"原本是与人们生活密切相关的两种工具。"度"用来计量物体的长短，"量"用来计量物体的容积。
今义： 指能宽容人的限度，也作肚量。

运筹

古义："筹"又叫策、算子、算筹，是我们祖先发明的一种运算工具。
今义：制定策略；筹划。

管辖

古义："辖"是古代固定车轮的零件；"管"在古代指开门的钥匙。
今义：管理、统辖之意。

计较

古义："较"指的是古代车厢左右两侧栏杆上安装的一件供人倚扶的横把手。由于通过"较"的材质和装饰，人们能辨别乘车人的身份和地位，所以就有了"计较"之说。
今义：计算比较；争论；打算，计议。

巾帼

古义：一种被称为"假髻"的配饰，是古代女子的专用物品。
今义：借指妇女。

布衣

古义：古代平民百姓用麻制的较粗糙的布制成的衣服被称为"布衣"。衣料等级低下和身份低下画了等号，于是"布衣"就成了一些人的代称。
今义：布衣服。